EL PODER

DE LOS

SUEÑOS

EL
PODER
DE LOS
SUEÑOS

LOS JÓVENES FRENTE A SU ÉPOCA

VICTOR J. BRAVO PIÑA

Número de Control de la Biblioteca del Congreso de EE. UU.:   2014912130
ISBN: Tapa Dura   978-1-4633-8696-2
                     Tapa Blanda   978-1-4633-8695-5
                     Libro Electrónico   978-1-4633-8694-8

Para realizar pedidos de este libro, contacte con:
Palibrio LLC
1663 Liberty Drive
Suite 200
Bloomington, IN 47403
Gratis desde EE. UU. al 877.407.5847
Gratis desde México al 01.800.288.2243
Gratis desde España al 900.866.949
Desde otro país al +1.812.671.9757
Fax: 01.812.355.1576
ventas@palibrio.com
495006

ÍNDICE

I
INTRODUCCIÓN

"La participación social permite influir en cualquier acontecimiento de la vida; es una de las potencialidades con las que cuenta el ser humano y un medio para encontrar soluciones a viejos o nuevos problemas. Generalmente, irrumpe en la escena política cuando se acumula el descontento en la sociedad o cuando la administración pública no ofrece la respuesta que los ciudadanos esperan..."

El presente trabajo pretende despertar entre los lectores, el interés y la necesidad de la participación social; ofrece para ello herramientas útiles con las que se podrán desarrollar habilidades para enfrentar problemas tanto de la comunidad como del ámbito personal. Desde diversos campos y enfoques, contribuye --con apoyo técnico, integración organizativa e información general-- a fomentar la imaginación y el intercambio de experiencias entre la juventud.

Si esta obra consigue su propósito, los jóvenes lectores estarán en condiciones de responder a las siguientes preguntas: ¿Qué tanto podremos lograr toda vez que hayamos clarificado nuestros objetivos en la vida y descubierta nuestra razón de ser? ¿Hasta dónde podremos llegar cuando se establezcan metas claras a partir de nuestros sueños?

Nuestro punto de partida está en considerar que "toda persona —una vez impactada por la realidad circundante-- siempre podrá volver a ella y transformarla; que puede dejar atrás su papel de simple espectador y convertirse en un ser consciente y activo. Todo --absolutamente todo-- puede iniciar de una idea en el momento mismo en que decidamos emprender una acción, sea para modificar, crear, mejorar e incluso de destruir algo de esa realidad que nos circunda donde, el punto es, precisamente contar con un marco referencial de ideas.

Otras de las preguntas a responder serán: ¿Tenemos clara conciencia de la realidad en que vivimos? ¿Qué cosas podremos transformar o crear cuando aparentemente todo está hecho ya?

En ocasiones me he puesto a pensar qué pudiera yo emprender que no esté ya en circulación. Es complicado. En nuestros días, la lucha por crear, transformar, sobresalir e incluso subsistir, suele ser tan descarnada que estamos obligados a ser cada vez más competitivos y más egoístas en nuestro desarrollo personal y con nuestros bienes. Y es que tanto los grandes corporativos como los gobiernos con sus prédicas actuales, han hecho de nosotros una desolada "colectividad individualista" ¿Suena esto extraño? No lo creo. Ellos han conseguido que dejemos de pensar como equipo, que desdeñemos la organización grupal, que olvidemos el valor de la solidaridad y, con todo, que perdamos nuestra identidad ciudadana. Todo eso complica la actividad y deforma nuestra esencia como personas. Rodeados de gente, nos han hecho sentir que estamos solos y esa circunstancia será necesaria revertirla…

En nuestras sociedades, los llamados Sistemas de Bienestar Social que revirtieron un poco y a su manera el proceso de creciente desigualdad, se instauraron en décadas pasadas como importantes instrumentos de gobierno, tanto en el ámbito nacional como internacional. Hoy en día, estos sistemas han sido prácticamente barridos del planeta y esta es una más de nuestras preocupaciones. El "Estado de Bienestar" refiere a ese sistema social occidental que surgió después de la Segunda Guerra Mundial y que se caracterizó por ser un régimen mixto de capitalismo de bienestar con democracia liberal. Su principal objetivo fue buscar el "bien estar" de los ciudadanos mediante la intervención directa del Estado en la economía, esto es, en el control de las propiedades de la nación, de la riqueza y bienes públicos, para lograr elevar los niveles de vida de los tutelados gracias al fomento del gasto público en servicios de bienestar para todos.

En consecuencia, a los gobiernos, instituciones y políticas administrativas actuales, cada vez les será más difícil eludir este antecedente para mantener en buen estado los niveles de vida de la gente y, más particularmente, para ese sector que hoy ocupa las páginas centrales de nuestro trabajo: La juventud.

Debido a que los Gobiernos de Bienestar han sido sustituidos por administraciones Neoliberales en los últimos años, en nuestro país no se han podido -o mejor dicho- no se han querido resolver los grandes problemas que se han venido derivando de la venta de las propiedades de la nación y de los tratados internacionales más recientes. La reducida generación de empleo, la inseguridad, la falta de valores ciudadanos, la pobreza, la injusticia, el irracional uso de los recursos naturales y el menosprecio de la salud y la educación pública, son los males heredados de las actuales políticas donde los trabajadores y la juventud son sus principales destinatarios. Pero, y también hay que decirlo (no sin una carga de seria preocupación) el ciudadano estático y desinformado contribuye con su "indiferencia" al naufragio de la sociedad en que vivimos.

La crisis civilizatoria (que iremos comentando), nos coloca a todos quizá, ante la oportunidad última de construir un futuro promisorio. Los gobiernos han demostrado no tener intenciones de detener la debacle por lo que la tarea será nuestra. Por eso, este trabajo pretende desarrollar una concepción diferente de ver y de afrontar nuestro destino como jóvenes ciudadanos, como miembros de un núcleo familiar amplio y como parte de una nación sumergida muy probablemente en la peor etapa de su existencia.

En fin, por ahora no vamos a correr más tinta con tan legítimos pero multicitados reclamos y lo mejor será introducirnos ya en el tema que nos ocupa. ¿Cómo construir cambios desde nuestros más profundos sueños y cómo lograr una participación más activa de la juventud sobre los distintos aspectos de nuestra realidad?

Como dije, a lo largo de este trabajo iremos encontrando respuestas y, en este mismo camino, les adelanto que podremos también descubrir esa otra fuerza, hasta hoy quizás desconocida, que es la fuerza de nuestro talento. Todo con la finalidad de cimentar un mejor futuro.

En el transcurso de esta obra, igualmente echaremos un vistazo a ejemplos enriquecedores en los que se ha podido capitalizar circunstancias adversas convirtiéndolas en generadoras del éxito... Sin embargo, este libro no es un manual de consejos y buenas intenciones, como tampoco tiene un carácter exclusivamente motivacional. No ofrece a sus lectores un tratado científico de sociología o economía, ni es una novedosa teoría de la evolución humana: Simple y llanamente, busca dejar constancia entre los jóvenes de que -al soñar- se pueden lograr cosas nunca antes imaginadas. Entre sus páginas encontrarán herramientas teóricas y ejemplos prácticos que ayudarán a cambiar los servicios del "viejo casete" por los de un "chip cerebral distinto" para soñar mejor y en beneficio propio y del colectivo.

Diré por último, que mi sueño es trascender y que a través de estas líneas deseo contribuir a ello. Legar a la nueva generación de jóvenes, una manera de desarrollarse a través de él poder de los sueños...

Dedico este trabajo a la gente que ha significado para bienes en mi vida. A mi familia que se ha convertido día a día en el mayor de mis éxitos; a mi esposa y compañera Mary, la que me ha impulsado a crecer desde que la conozco haciendo de mí una mejor persona. A mi hijo José Luis, que desde que entró en mi vida ha sido el mejor de mis amigos y mi motor cotidiano. A mis padres, Víctor -por su sabiduría e inteligencia- y a Martita -que es un claro ejemplo de que tarde o temprano llega la recompensa tras el esfuerzo y los deseos de superación-; a mis hermanos Mauricio y Lorena con los que aprendí a enfrentar la adversidad gracias a una madre tenaz que nos hizo fuertes y dinámicos. A mis amigos, compadres y compañeros de batalla; a mis maestros y mentores -Pedro y Ricardo- quienes me indicaron el camino para destacar y servir a los demás. Por supuesto, a mis amores de juventud, pero también a nuestros enemigos y a quienes traicionaron nuestra confianza, ya que sin ellos la vida perdería sus claroscuros y la adversidad dejaría de jugar en nosotros su papel de maestra. Ante todo, dedico este trabajo a un poder superior del que sin su gracia y autoridad no estaría yo aquí --ni ahora—compartiendo con ustedes los pormenores de este sueño.

II
PARTICIPACIÓN JUVENIL

PARTICIPACIÓN JUVENIL

Uno de los problemas más difíciles a los que nos enfrentamos a la hora de empezar a redactar algún estudio sobre los jóvenes, es el de liberarnos de un conjunto de prejuicios y de ideas fijas sobre este sector de la población. La inmensa mayoría de las publicaciones están enfocadas desde "una perspectiva adulta" en la que se confunden los deseos con la realidad y donde se mantiene la tendencia a elaborar modelos muchas de la veces más especulativos que ciertos. Otra de las perspectivas –digámosle negativa y que procuraremos evitar-- es aquella que al estereotipar el comportamiento de la juventud, se la identifica directamente con los problemas sociales, enfoque que pretende perfilar desde la conjetura, la irremediable fragilidad de los jóvenes frente a las modernas sociedades.

La juventud como estado descriptivo y diferenciado de la edad y la condición social, es resultado cardinal de la política de "Estado Bienestar" que hemos empezado a mencionar. Tras la Segunda Guerra Mundial, la juventud se estructuró en una fase en la que se erigió como estamento social, para luego, según esto, poder ser "insertada" en la sociedad en curso (como si antes los jóvenes estuviesen fuera de ella).

La Sociedad de Bienestar se preocupó por cuidar de los grupos más vulnerables como son los niños, los ancianos, las mujeres, los más pobres y los jóvenes. La escolaridad obligatoria, el retraso de la edad de incorporación al trabajo, la creación de infraestructura para atenderlos en colegios e institutos etc., prepararon entonces un camino que los jóvenes deberían recorrer siguiendo la ruta que el Estado de bienestar -en comunión con padres de familia- les había pergeñando.

Pero los jóvenes, que venían haciéndose adultos al incorporarse a las tareas previamente designadas, sufren un cambio inesperado cuando el modelo de ese "Estado de Bienestar" entra en crisis. A partir de esa nueva circunstancia, ya no podrán atenderse todos los frentes de bienestar abiertos y es el momento en que el Estado comienza a hacer recortes a las partidas presupuestales destinadas a los programas en los sectores mencionados como vulnerables. Es aquí cuando los jóvenes se convierten en "un serio problema para el Estado". La incorporación al trabajo –"esa transición apacible hacia el mundo de los adultos que se producía en épocas de bienestar", se encuentra seriamente dañada. Los jóvenes que no puedan incorporarse al trabajo como antes, no podrán ahora alcanzar su autonomía económica ni crecer camino de su independencia familiar. Educarse, encontrar trabajo, comprar una casa o reunir dinero para su alquiler, cada vez estará más lejos de su horizonte.

Por su parte, los medios de comunicación influirán cada vez más y de manera decisiva en el bosquejo de modelos, subculturas y estilos de vida juvenil. Romperán en alguna forma el arquetipo original que los adultos habían trazado desde "la sociedad ideal" y todo parecerá ahora confuso, dando paso a nuevos y desconocidos problemas existenciales entre los jóvenes.

Ante la nueva circunstancia, encontramos que numerosas asociaciones o grupos juveniles, "beben su filosofía" de los medios masivos tanto como de los más recientes espacios culturales y recreativos. Campamentos, casas de juventud, intercambios de verano, espectáculos deportivos o artísticos, etc., intentarán, todos ellos, lucrar con su "tiempo de ocio".

En el centro de nuestro análisis -bien sea en el ámbito individual o colectivo- mantendremos la idea inquebrantable de que la juventud tiene en sus manos uno de los mejores instrumentos para enfrentar situaciones conflictivas: La Mediación participativa. Este es un procedimiento no hostil, pacífico y de solución de conflictos, que busca alcanzar acuerdos entre las partes y evitar los altos costos que traen consigo toda confrontación incontrolada o cuando los márgenes de éxito son reducidos o impredecibles. Este trabajo, que parte de su noción fundamental --los sueños-- suscribe que uno de ellos es el de vivir en paz. Asume que la juventud --en constante conflicto originado por la crisis misma de Estado Bienestar-- puede convertir esa misma crisis en oportunidad de cambio y es aquí donde la Mediación puede intervenir con éxito al aportar herramientas y métodos para que las personas puedan solventar sus disputas con ímpetu y al mismo tiempo de manera pacífica en todos los órdenes de la vida.

Para iniciar con esto, la primera cuestión que debemos abordar es la de precisar nuestro objeto de estudio. ¿Quiénes son los jóvenes?,,,¿Cómo los definimos y qué características tienen? Intentaremos en una primera aproximación, identificar y establecer las coordenadas con las que los Mediadores se orientarán a la hora de enfrentar los problemas de este sector, así como los problemas propios relacionados con esta su nueva función mediadora.

Bien. Una primera consideración: La definición de joven depende directamente del criterio o los criterios que optemos para considerarla. Inicialmente diremos que la juventud y los jóvenes se pueden definir en base a un juicio cronológico, siendo esto lo más habitual para su conceptualización, sin olvidar nunca, que este juicio se enmarca en un modelo cultural determinado. Según el criterio cronológico, los jóvenes son aquel segmento demográfico que está comprendido entre dos edades de referencia, y que además es determinado por cada cultura o sociedad. Por ejemplo, en la sociedad urbano-industrial occidental, la juventud está comprendida entre los 15 y 24 años de edad, aunque se tienda, en algunos momentos, a llevarla hasta los 35 años. Lógicamente se trata de un criterio que engloba a numerosos individuos muy diferentes, por lo que a su vez se confeccionan subgrupos de 15 a 19, de 20 a 24 y de 25 a 29 años, con la pretensión de diversificar las características de los sujetos que componen cada uno de estos subgrupos.

Ya desde la adolescencia se presentan cambios físicos, psíquicos y sociales, muchos de ellos causantes de conflictos, crisis y contradicciones; veamos:

- Crecimiento corporal en el que aumenta el peso, la estatura y dimensiones corporales en general. En los varones aumento marcado de fuerza y musculatura.

- Incremento de la capacidad de transportar oxígeno, pulmones y corazón, que da como resultado una mayor capacidad de resistencia a la actividad física.
- Al incrementarse la velocidad del crecimiento, cambian las formas corporales pero, generalmente, esto no ocurre de manera armónica por lo que pueden presentarse trastornos, problemas del sueño, descoordinación motora y hasta problemas emocionales y afectivos.
- Maduración de los órganos y de la actividad sexual.
- Proceso de actividad psicológica de búsqueda de identidad; necesidad de independencia y tendencias grupales.
- Evolución del pensamiento concreto al abstracto.
- Contradicciones en la conducta y relaciones conflictivas con padres y sistema social.
- Necesidad de definir un proyecto de vida.

Los principales factores de riesgo que inciden sobre los adolescentes pueden resumirse en:

- Familias disfuncionales
- Enfermedades de transmisión sexual
- Accidentes de tráfico
- Consumo de drogas y alcohol
- Fracaso escolar
- Embarazos no deseados
- Desigualdad en el acceso a los sistemas de salud, educación, empleo, etc.
- Gobiernos incapaces y/o represores

Los factores protectores son:

- Estructura y dinámica familiar que satisface los procesos físicos y funciones de la familia.
- Posibilidades de elaborar proyectos de vida viables en congruencia con la escala de valores sociales apropiados.
- Promoción de mecanismos que permitan la identificación y refuerzo de la defensa endógena frente a situaciones traumáticas y de estrés (resistencia), conociendo la capacidad de

recuperación ante condiciones adversas que poseen los niños y adolescentes.

- Gobiernos con políticas sociales dirigidas a la atención de la niñez y la adolescencia con acciones específicas que permiten la salud integral, el desarrollo y el bienestar social.

Sí se desea alcanzar un futuro saludable para los jóvenes, es imprescindible desarrollar los factores protectores señalados; son primordiales el papel de los adultos y las acciones colectivas de promoción y cuidado de la salud para otorgar a este grupo social, un papel más activo y protagónico, es decir, abrir espacios para los jóvenes como verdaderos actores sociales, creativos y fecundos.

Lo anterior presupone la presencia (siempre inevitable) de fuerzas negativas expresadas en términos de daño o riesgo, lo que refiere, en contraparte, la necesidad de escudos protectores que harán que dichas fuerzas no actúen libremente en contra, sino, en el mejor de los casos, como factor de superación en circunstancias críticas.

Desde un enfoque conservador, todo joven es descrito generalmente por su dependencia al grupo familiar del que forma parte y por su falta de autonomía y por una capacidad de decisión sometida; en una palabra, el joven es señalado por su carencia de responsabilidad. Se dice que un joven pasará a ser adulto solo cuando se incorpore a la sociedad y asuma las responsabilidades propias de cualquier ciudadano mayor.

Pero esa visión fue remplazada, o mejor dicho, sacudida, por los nuevos escenarios. Durante los 60's y más a partir del '68 del siglo pasado --con las revueltas estudiantiles y obreras en el mundo-- se produce un cambio importante en el concepto de la juventud como paradigma de la cultura y la contracultura; es decir, la juventud ahora es entendida ya no por su dependencia al grupo familiar, sino como parte de una clase social emergente que empieza a asumir un protagonismo sociopolítico universal.

Sin embargo, no tuvo que pasar mucho tiempo para que, tras el ascenso y explosividad de la actividad juvenil de masas de los 60's, comenzara abruptamente su declive. En México, con los iniciales cambios neoliberales de los años 80's, la juventud pareció regresar al refugio de la dependencia, del anonimato y la marginación, hasta concentrarse algunas veces en la subcultura de pequeños grupos cuasi tribales.

Con todo y desde entonces, la juventud se convirtió en una especie de sensor discordante que detecta las paradojas sociales con mayor sensibilidad que cualquier otro sector; es, por así decirlo, el termómetro del descontento social. Por su parte la familia y el Estado, ven en este sector la caldera en dónde verter sus actitudes, expectativas y aspiraciones sociales, para fraguar los modelos futuros de la colectividad adulta. Pero la historia una y otra vez ha demostrado que, tarde o temprano, la juventud -rebelde como es- imaginará por su cuenta modelos disonantes de la sociedad de los adultos.

Quiero enumerar ahora algunas de las características que los estudiosos de la juventud nos proponen para entender el comportamiento y los valores de los jóvenes, aunque habría que repensar si se trata de ideas y actitudes específicamente juveniles o, por el contrario, se trata de rasgos que han impregnado al conjunto de la sociedad. De todas formas, vamos a considerar las que creemos más generales y útiles para nuestro trabajo, sin descartar que otros enfoques puedan proponer o inspirar percepciones distintas y aceptables:

- El presentismo.- Este concepto viene a definir una de las características que los jóvenes han hecho evidente, aunque se trate más bien de un valor que impregna al conjunto de la sociedad. Me refiero al "valor supremo que se le concede al presente". Hay aquí un cambio importante con respecto a las generaciones anteriores.
- El valor que se le concede al cuerpo.- El bienestar físico ha llegado a ser también un valor significativo entre los jóvenes quienes muestran una gran sensibilidad ante este tema. El cuerpo tiene hoy en día un carácter identificador; junto a él, la indumentaria, el estilo y la moda, son igualmente "elementos importantes de la época".

- Percepción compleja de la realidad.- La forma en que los jóvenes perciben la realidad no es simple; la perciben más bien compleja y a veces hasta confusa. Las explicaciones de las cosas tienden a ser diversas y no se acepta una única opinión. Han perdido peso las propuestas generales.
- Identidad abierta.- Los jóvenes son capaces de adaptar sus condiciones de vida y de identidad a las transformaciones que se producen en su entorno inmediato. La personalidad de los jóvenes se muestra más flexible y se le reconoce en pequeños grupos y acciones diversas en las que participa, bien a título individual, bien en colectivo.

Los jóvenes -grupo social que vamos conceptualizando desde algunas de sus características- actualmente son percibidos por la comunidad en que viven como algo contradictorio. Por un lado se les ve como futuro -con una carga importante de valor simbólico positivo- mientras que por otro, son denostados por el número de problemas que se asocian a ellos y por la cantidad de recursos que el Estado debe destinar para atender las necesidades de este grupo al que considera una carga.

Esta es precisamente la contradicción central que tendrán que desentrañar los Mediadores juveniles (no los gobiernos) para advertir el problema, medir su tamaño e impulsar el sueño de la superación en medio de la controversia y del menosprecio estatal.

A grandes rasgos estamos tratando de identificar algunos cambios recientes que se han producido en la estructura social y, ante los cuales, los diferentes grupos que la componen han tenido que ir desarrollando estrategias adaptativas y/o transformadoras. Una trayectoria repetida comúnmente por los jóvenes es la llamada reversibilidad, es decir, que los jóvenes andan y desandan por la estructura de su vida; se van de casa, luego regresan; tienen trabajo, lo pierden; se estabilizan con una pareja y rompen su relación, etc. En honor a la verdad, hay que decir que también son muchos los adultos que "meten reversa" a sus decisiones. La reversibilidad no es entonces un asunto privativo de la juventud y esa característica de hombres y mujeres está íntimamente mezclada con el comportamiento "presentista" de la sociedad contemporánea que mencionamos más arriba.

Convengo con autores que atribuyen la prolongación de la dependencia de los jóvenes a la función que juegan el Estado y la familia, porque aparece ahí la responsabilidad del gobierno cuyo manejo tiene actualmente un claro sesgo anti juvenil. Los Estados neoliberales no cuentan con la voluntad política de aprovechar su enorme presupuesto para facilitar la educación, el trabajo e independencia de los jóvenes, lo que revela que no es esa precisamente su vocación. Aquí es cuando la familia tiene que cargar con todo el peso de la indiferencia estatal.

Algunos gobernantes, creyendo ganar el voto joven, ofrecieron a los familiares adultos de clase media, una "conveniente" política fiscal y, a las personas mayores, una benévola política de rentas y apoyos "de tercera edad" pensando que con esos ofrecimientos se revelarían ante los jóvenes como la mejor propuesta electoral. Esto significaba en el fondo que para comprar el voto y la voluntad de padres y abuelos y para que estos a su vez pudieran influir electoralmente en el resto de la familia, hubo que gobernarse contra hijos y nietos, abandonarlos a su suerte sin detenerse a mirar las necesidades propias de la juventud.

Desde otra perspectiva igualmente perniciosa, existen estudios analógicos de zoólogos que erróneamente relacionan semejanzas entre el comportamiento animal y las sociedades humanas. Por ejemplo se dice que se ha descubierto que la hostilidad entre los animales se produce, entre otras causas, cuando la presión ambiental se incrementa --en especial con el aumento demográfico-- provocando desequilibrios naturales que hacen que resurja "el instinto primitivo de batalla" etc., luego de ahí lo extrapolan a los círculos sociales.

El buen sociólogo dirá en cambio, que un conflicto social sigue sus propias leyes; que ocurre a menudo para dirimir o establecer el control y dominio sobre territorios, bienes y servicios, afectando a todos los sectores poblacionales. Nos hablará de la dinámica expansionista de las sociedades capitalistas, pero no de los instintos del mundo animal.

Este ejemplo último sobre un conflicto social y desde la perspectiva del sociólogo, no significa que debamos establecer una generalización mecánica para el conjunto de todas y cada una las sociedades actuales, pero sí entender que -el poder, el control y la ganancia- son los elementos más habituales de todo enfrentamiento entre naciones, grupos sociales y hasta personas. Hablamos aquí de una de las contrariedades con mayor presencia en la historia de la humanidad.

❆ ❆ ❆

Un mundo en constante movimiento sufre cambios permanentes que afectan necesariamente la rutina cultural, los modelos establecidos y hasta la convivencia cotidiana en la sociedad. Para entender estos cambios, siempre se vuelve necesario ajustar la mira, mostrar la flexibilidad necesaria y muchas de las veces, adoptar nuevas perspectivas desde la dialéctica. Tomemos por muestra el caso particular de las llamadas "parejas de hecho" que actualmente debaten la necesidad de formalizar un nuevo modelo de convivencia familiar además de urgentes respuestas para que los homosexuales y lesbianas cuenten con los mismos derechos que cualquier otro ciudadano. Los roles tradicionales frente a los "de hecho", están experimentando transformaciones y desplazamientos que los presionan hacia la actualización de algunas escalas de valores, así como de leyes y reglamentos, precisamente por el surgimiento de estos nuevos e inesperados modelos de relación familiar. Relaciones conyugales informales y relaciones homosexuales con uno o varios hijos de una relación heterosexual anterior, etc., son casos que se ventilan públicamente cada vez con mayor frecuencia. La tradición cultural, cede su paso a las inesperadas y sorprendentes relaciones que fragmentan la formalidad establecida.

Ante tales fenómenos -indicadores de una innegable realidad cambiante- no sólo hay que pensar en las repercusiones que puedan traer respecto de la ley. Estos cambios deberán ser tomados en cuenta con tolerancia y respeto entre la ciudadanía y evitarse los usos lingüísticos y costumbres con matices peyorativos. Desde la lingüística, no se trata de merecer expresiones urgentes que den forma gramatical a "lo correcto", sino de evitar tonos ofensivos derivados de los "rancios del idioma y la cultura". El punto es procurar que nuestro lenguaje no se convierta en una losa que sepulte la nueva circunstancia social, sino que por el contrario, deje atrás y bajo tierra, el viejo concepto de "normalidad". En esto, los medios de comunicación debieran jugar un papel progresista dado a que su influencia sobre los modelos perceptuales, es probablemente superior a los de la escuela y la familia y, por supuesto, de la iglesia.

Para ampliar la perspectiva de la participación juvenil en su entorno social, debemos también entender lo que comúnmente es llamado "conflicto generacional". Este es básicamente un mecanismo de transición en el que, pretendiéndose conservan los rasgos de la cultura vigente, se introducen al mismo tiempo y a contra voluntad, innovaciones, remodelaciones y hasta reemplazos de contenidos culturales que han dejado de ser funcionales.

El conflicto generacional se vive y se expresa con todos sus matices, dentro y fuera de la familia, ya sea en forma de "ajustes internos familiares" o de rupturas abiertamente manifiestas en la sociedad que dan al traste con todo lo viejo y caduco.

El conflicto generacional no se supera necesariamente cuando los jóvenes invierten su rol y pasan de solteros a ser "responsables padres de familia". Un sinnúmero de jóvenes convertidos en adultos terminan, muchas de las veces, reproduciendo frente a los nuevos jóvenes la situación que ellos mismos reprobaban años atrás. Visto así, el conflicto no es más que la manifestación del continuismo intergeneracional gracias a los mecanismos ideológicos de control que generalmente maniobran sus pretensiones con éxito. El sistema educativo estatal y su punto de apoyo -la familia- continuarán con su encargo hasta que nuevas desavenencias sociales aparezcan.

Para conquistar y desarrollar una de nuestras prioridades que es la de solucionar conflictos —sean estos generacionales o de cualquier otro tipo-- es necesario desplegar sistemas de comunicación efectiva en el análisis y la potenciación del sueño buscado, esto, a través de un proceso de mediación social capaz de destrabar capacidades de comunicación individuales o de grupo, en las que concurran ideas y sentimientos positivos.

Habilidades por desarrollar entre los jóvenes para una buena comunicación:

1. Respetar los turnos de palabra.
2. Expresar opiniones y sentimientos.
3. Aprender a hacer preguntas.
4. Entender el valor de los sueños.
5. Aprender a organizar la información.
6. Relacionar las ideas que se expresan.
7. Incluir en los propios sueños las ideas expresadas.

III
CIUDADANÍA, CIVISMO Y JUVENTUD

CIUDADANÍA Y JUVENTUD

En su libro "El manual del ciudadano contemporáneo", Ikram Antaki cita que "el civismo es una virtud privada de utilidad pública..." Esta opinión que pudiera ser un buen inicio para el tema, nos lleva a hacernos una pregunta previa: ¿Qué sociedad es digna del hombre?

Una primera tentativa de respuesta pudiera ser "aquella donde se corone la moralidad y el éxito entre las costumbres colectivas; donde se exalten las virtudes ciudadanas así como de las instituciones que representen los intereses de una nación...".

Bien. Entremos de lleno al asunto. En la sociedad actual, los jóvenes ciudadanos son a menudo objeto de dramatización y reconocimiento, cuando no de conflicto. Mientras que para algunos son la viva imagen del individualismo positivista, para otros son la voz oportuna que denuncia la globalización y la injusticia. El caso es que tenemos que averiguar hasta qué punto y desde cuándo la sociedad actual está engendrando una ciudadanía juvenil sin civismo.

Los jóvenes, entre sus limitados márgenes de libertad, suelen manifestar -aunque sea periódicamente- preferencia por los asuntos de interés público a pesar de que el civismo oficial a menudo se reduce a un discurso legaloide de obligaciones y deberes olvidando el fondo de la solidaridad colectiva. Pero ese culto a los deberes ha perdido credibilidad social y el civismo parece ser, hoy en día, un voto piadoso de reconciliación entre lo universal y lo concreto. Para hablar de una real civilidad, urbanidad o ciudadanía, se vuelven necesarias las acciones y los comportamientos cotidianos en favor del entorno general ciudadano. La cuestión cívica involucra tanto al ciudadano como al "no ciudadano" en el contexto de gobierno y gobernado. La sociedad necesita del acto cívico que haga referencia a los criterios de la "Lex". Tanto los griegos como los romanos, ya pensaban que el ciudadano debiera ser libre tanto para participar en la elaboración de la ley como para someterse a ella.

Para garantizar la existencia de una juventud ciudadana, es necesario entonces respetar básicamente dos mandatos: Primero, el admitir frente a ella, que existe un campo público unificado –la nación- (independiente de cualquier otra organización externa) en la cual se deben respetar las leyes y reglas de su funcionamiento y, con las que no se esté de acuerdo, actuar para modificarlas. En segundo lugar, debe tomarse en cuenta el criterio de la igualdad en la dignidad de cada quien, hecho que deberá fundar la lógica de una nación con valores democráticos.

La ciudadanía que pretendemos, no debe ser contrariada por las desigualdades en los campos de la vida social; comprende lo colectivo y es el lugar de mediación y de intercambio entre lo privado y lo público; se encuentra en medio de la ambición ideal y de las formas concretas del ejercicio ciudadano.

Las prácticas cívicas pueden ser identificadas sencillamente, porque se manifiestan en un inicio como "un querer vivir de vecinos". Esto presupone, evidentemente, compromisos, lo mismo que reconoce intereses particulares y leyes que se pactan con interés general. Ahí encontramos relaciones sociales comunitarias, los acuerdos con uno mismo y el peso de las obligaciones.

El comportamiento cívico esencialmente describe una actitud positiva en relación con la regla colectiva. Se trata pues, de respetar la regla más allá de la presión que ésta misma impone. Hablo de reconocerla voluntariamente. El deber confiere derechos, el derecho impone deberes y la voluntad supone compromisos en libertad. El deber cumplido, es una de las máximas satisfacciones del ciudadano conciente.

El civismo es una actitud que valora los aspectos de interés general y que moviliza la capacidad de participación de los jóvenes y demás grupos ciudadanos. El ejercicio de la actividad cívica depende, por tanto, de condiciones concretas, de la existencia de ordenamientos en una organización social, de la disposición para manejar las tensiones entre las diferentes fuerzas sociales y de las resultantes de relaciones sociales y de pertenencia a un grupo.

Por su parte la educación -como pilar en la formación cívica- condiciona la elaboración de juicios para de ahí acceder al derecho. En los comienzos de la educación pública, el alumno preguntaba: ¿Para qué aprender? Y el maestro contestaba: "Vale más instruirse, el alfabeto se volverá amo de tu derecho". Desde ese entonces, tanto el ejército, las instituciones políticas como la escuela laica, pública y gratuita, han sido "el hogar" para el aprendizaje de las prácticas cívicas. El civismo que desde nuestros abuelos se tuteló bajo los conceptos de la dignidad, tolerancia y laicidad que descansaron sobre el mérito de la voluntad individual y la voluntad política, fue de muchas formas modificado y traído a nuestros días.

Muchas veces la formación cívica --enmarcada hoy por la sumisión a la autoridad— se ha visto confrontada por los jóvenes que, en su natural insubordinación con lo establecido, han tenido que desdoblar nuevas formas de acción social al revalorar sus prioridades. De eso se desprende que el concepto de civismo sea entendido en su forma dinámica --en su preocupación por el interés histórico general-- y no como un asunto estático ni particular que el Estado diseña.

La civilidad implica entonces que, al mismo tiempo que se respetan las leyes de la comunidad, puedan plantearse modificaciones o la anulación de estas cuando se considere que se han opuesto al interés colectivo. Mahatma Gandhi decía: "Cuando una ley es injusta, lo mejor es desobedecerla".

El difícil acceso a una ciudadanía con libertades y la confrontación resultado de la desigualdad de condiciones, nos recuerdan que aún en esas circunstancias, el ejercicio de la ciudadanía presupone garantías contra la represión, la ignorancia y la miseria. Dado que esto no es así, este es un punto de partida para que en nuestra sociedad propiciemos cuanto antes, todas las transformaciones sociales que sean necesarias.

Atenas y Roma marcaron el momento fundador de la ciudadanía a través de la participación de ésta en pos de la autoridad social y de la dirección administrativa que se encontraban bajo el mando de un núcleo social distinto. Ser ciudadano era un privilegio en esas culturas pero, al mismo tiempo, implicaba deberes y obligaciones. La historia nos dice que no todo fue esplendor en esos pueblos milenarios.

Que mientras los ciudadanos reconocidos gozaban de espacios cívicos exclusivos, había grupos enteros excluidos de esa potestad. Se impusieron poderes intermedios y que se crearon "lazos directos" con la ley de Dios, abandonando las leyes "mundanas" a la suerte de los sueños del hombre. El individuo común de entonces, se hundía ante la crueldad de los monarcas.

En nuestra sociedad, el civismo debe ser una virtud particular propia de la generación actual en la que se puedan enlazar la causa del individuo con la causa de la sociedad. Portar dignamente el reclamo del libre ejercicio de esa virtud, debe llevarnos a renunciar a los indignos hábitos de la intriga, el fraude o la mentira... Parece difícil, pero muchos de los jóvenes -aunque no solo ellos- son expertos en engañar y en generar relaciones humanas despersonalizadas como respuesta al actual modelo de vida que se les ofrece. Con sus acciones, perturban lo que Rousseau llamó contrato social, donde derechos y deberes con la comunidad, pasan a un segundo plano cediendo su lugar a un interés individualista. Ejemplos sencillos pueden darnos cuenta de los niveles de engaño y despersonalización; estos van desde no respetar el orden de la fila, hasta restar importancia a los compromisos contraídos, o a la práctica de la puntualidad; el copiar en un examen, el mentir, no respetar al vecino o, el caso extremo, agredir a un semejante, son parte de la despersonalización de que hablamos.

Entre esas y otras prácticas humanas, se encuentra la llamada permeabilidad que significa que no hay una frontera precisa entre faltar a las reglas mínimas de cortesía y sociabilidad y violar los fundamentos legales de la sociedad. Y es que el tomarse libertades gracias a esa permeabilidad, lleva generalmente a una predisposición para rechazar las reglas generales establecidas de manera cada vez más persistente. A este sector de "inadaptados" se le considera que se instala en una especie de "anarquía blanda".

Su "liberalización extrema de acciones manifiestas" o sus "acciones directas", son resultantes de la falla estructural que los conduce a la individualización creciente, a la marginación y a la ruptura con el sueño de integrarse venturosamente a la estructura social. "Rebeldes sin causa" fue el término que se usó durante una época para explicar este comportamiento.

Es por esto que se vuelve necesario replantear un sistema colectivo de valores y visiones que frenen la emergencia abrupta de esas fracturas sociales aisladas las que, por cierto, no llegarán a conocer jamás los resultados positivos de su búsqueda. La ruta es equivocada. Esas acciones se pierden sin resultados debido a su separación de las masas, del colectivo humano; a la ausencia de una visión política integral y a la falta de un análisis de la situación concreta de la sociedad que se desea transformar. Por supuesto, también a la falta de una dirección política colegiada y visionaria, para no hacer mención de las frecuentes contradicciones entre el pensar y el hacer de los grupos que componen los sectores marginales descontentos. Nuestro sueño busca rescatar la perspectiva política del respeto a la patria, a la familia y a los pueblos del mundo, el respeto de sí mismo y el respeto a los demás, valores que dan probidad y dejan atrás la anarquía.

La educación cívica de la que hablamos, no es entonces una disciplina como las otras; representa desde nuestro enfoque, un objetivo central en la formación teórica. Deja de lado la idea habitual de las escuelas que enseñan al estudiante a pensar en "el honesto individual" y en el "héroe", para rescatar la orientación de la moral colectiva. El éxito individual que esté al alcance del estudiante, nunca debe estar por encima de la formación del ciudadano colectivo.

¿Podemos acaso aprender a ser ciudadanos en la escuela de igual forma en la que hemos aprendido a multiplicar? ¡No! Primeramente, no debemos permitir que la escuela desplace del todo a la familia en su papel educativo ni como transmisora de valores; luego, el Estado deberá cumplir con esa su obligación constitucional de documentar los deberes del ciudadano y de fomentar programas que permitan a los jóvenes conocer y ejercer sus derechos. En resumen, se trata de convertir en ciudadanos a todos aquellos que hoy son marginados o tratados como súbditos. Las enseñanzas cívicas de un buen Mediador para con estos grupos, deberán saberse desplazar hábilmente entre las muchas veces invisibles márgenes de autoridad de los padres, la familia y el Estado. Toda nuestra propuesta pretende resaltar la importancia del Mediador como catalizador de cambios, al mismo tiempo que exhibir las capacidades, debilidades y/o competencias del Estado y del núcleo familiar, con relación al reconocimiento de los derechos y deberes del joven ciudadano.

Alcancemos la libertad deseada. Fomentemos la camaradería, el compromiso social, la integración y el reconocimiento del derecho de asociarnos con objeto de ser algo más que la suma de intereses particulares.

IV
DEFINICIÓN DE SUEÑO

Abordaremos este tema partiendo de lo más elemental. ¿Qué significa soñar?,,,,¿Cuál es la más atinada definición de sueño? Para llegar a descubrir "la razón principal de nuestra existencia" y el "hacia dónde dirigir nuestros esfuerzos de vida", será necesario adentrarnos más aún en lo que significa soñar.

Llamaremos inicialmente "sueño" a cualquier anhelo o ilusión que moviliza a una (o varias) persona (s), aceptando que el soñar, se entremezcla y sumerge en una realidad virtual formada de imágenes, sonidos, pensamientos y sensaciones…

Si hablásemos de un sueño "nocturno y reparador", un enfoque teórico-experimental de finales del siglo pasado, nos mostrará lo que se ha avanzado en el estudio científico de este tipo de sueño. Gracias a que la tecnología ha podido facilitar el acercamiento con lo que llaman "la energía del sueño", el experimento revela que cada individuo tiene una forma única e irrepetible de soñar. Los datos que arroja, son, sin embargo, demasiado escasos como para confirmar o rechazar una de su hipótesis más recientemente expuesta en la que se infiere que la consolidación de la memoria depende de los procesos del sueño…

Otros estudios referentes establecen que existen sueños individuales que dan cuenta de los anhelos de cada quien. ¿Qué deseo?,,,¿Qué necesito para ser feliz? Conviene aclarar aquí que, si tomamos por ejemplo el caso de alguien que imagina ganarse la lotería, este asunto corre el riesgo de una muy probable frustración. En este ejemplo estamos planteando que el talento y la energía humana deben mantenerse al margen de una ilusión etérea como esa; que las formas de soñar que proponemos deben estar enfocadas en imaginar algo que dependa de nuestro esfuerzo personal y no de los imponderables de la vida.

Los sueños colectivos por otra parte, hacen referencia a todos aquellos que se pueden compartir con alguien, ya sea con la pareja, nuestros hermanos, el núcleo familiar más amplio o en general con grupos sociales amplios: con todos aquellos que podamos construir asociaciones juveniles, grupos con un objetivo común, asociaciones políticas, etc. Lo relevante aparecerá en todo caso, en el momento en que contagiemos a "esos otros" con nuestra manera de pensar y cuando compartamos nuestro sueño haciendo de él nuestro mejor legado a la organización, comunidad, empresa, país o proyecto político. En ese momento estaremos logrando "trascender" aunque el camino del sueño apenas inicie. Será este la "ópera prima" de un futuro líder en medio de un sueño colectivo.

Los sueños personales pueden así "liberarse", tornarse en colectivos, para transformar, innovar, mejorar, crear, cambiar, construir, destruir, conquistar, ganar, crecer, compartir, conocer, poseer y para todo lo que la mente imagine pueda lograrse, toda vez que el interés de otros está reunido junto al nuestro. Inician siendo sueños aislados -descritos muchas veces como locuras- pero la tenacidad y determinación de quien lo sostenga, puede convertirlo en estandarte de la humanidad.

Como ejemplo, citaremos brevemente algunos sueños notables que los pueblos del mundo han atesorado hasta nuestros días, todos ellos, pruebas vivientes de que el poder de los sueños suele encarnar en personajes ilustres de la historia:

* Jesús dijo al padre de un muchacho endemoniado: "Al que cree, todo le es posible". Durante el tiempo que Jesús peregrinó la Tierra, dio a sus discípulos un cheque en blanco al prometerles que podían recibir cualquier cosa que pidieran: "...Por tanto, os digo, que todo lo que pidiereis orando, creed que lo recibiréis y os vendrá..."

* "Hay una luz en algún lugar a donde van los sueños de la humanidad. Hay una luz dentro de ti a donde están los sueños que van a venir. Para volver a despertar, no te olvides, nunca dejes de soñar, nunca dejes de soñar": Alejandro Lerner (compositor).

* Thomas A. Edison soñaba con una lámpara que funcionara con electricidad; empezó a poner su sueño en acción y pese a sus más de diez mil fracasos, mantuvo su sueño hasta que lo convirtió en una realidad deslumbrante.

* "Las ideas provienen de diferentes fuentes, entre ellas, los sueños; estos son un recurso para la imaginación y la creatividad, para la inspiración y el desarrollo sin límites de conceptos e ideas mismas". Diana Miriam Alcántara (escritora).

* Los Hermanos Wright soñaron con una máquina que surcara el aire. Ahora podemos ver en todo el mundo, que aquellos sueños echados a volar se cumplieron.

* "Los soñadores, los que creemos aún en las utopías, solemos toparnos con la dificultad de no saber cómo encauzar nuestras energías en alguna forma práctica que contribuya a concretar las soluciones a esas necesidades que sí detectamos": Raúl Lemesoff (Inventor).

* Guillermo Marconi (Ingeniero e inventor italiano) soñaba con un sistema para dominar las intangibles fuerzas del éter. Las pruebas de que no soñaba en vano podemos encontrarlas en cada aparato de radio y de televisión que hay en el mundo. Quizá al lector le interese saber que "los amigos" de Marconi lo pusieron bajo custodia y que luego fue examinado en un hospital para psicópatas, justo después de que anunció que había descubierto un principio mediante el cual podría enviar mensajes a través del aire, sin ayuda de cables ni de ningún otro medio físico de comunicación.

* Helen Keller quedó sorda y ciega 19 meses después de nacida. Pese a eso, pudo más tarde aprender a leer y escribir y, años después, publicar su libro "La historia de mi vida". Se graduó "con honores" en la Universidad de Radcliffe para ser la primera persona sordo-ciega en obtener un título universitario. En 1964, Helen fue galardonada con la Medalla Presidencial de la Libertad, el más alto premio para personas civiles otorgada por un presidente en EEUU. En fin, su vida es un elevado ejemplo que demuestra que "nadie está derrotado mientras no acepte la derrota como una realidad".

* Beethoven era sordo y John Milton ciego. Sus nombres perduran hasta nuestros días gracias a que soñaron y tradujeron sus sueños en brillantes obras musicales y poéticas.

＊ "Sueño que algún día los valles serán cumbres y las colinas y montañas serán llanos, los sitios más escarpados serán nivelados y los torcidos serán enderezados; y la gloria de Dios será revelada, y se unirá todo el género humano"... "La oscuridad no puede deshacer la oscuridad; únicamente la luz puede hacerlo. El odio nunca puede terminar el odio; únicamente el amor puede hacerlo...": Martin Luther King.

＊ "...Puedes decir que soy un soñador, pero no soy el único...": John Lennon.

＊ "Realmente soy un soñador práctico; mis sueños no son bagatelas en el aire. Lo que yo quiero es convertir mis sueños en realidad": Mahatma Gandhi.

Podrá verse, que en la mayoría de nuestras citas y por la historia misma de los personajes, se hace referencia a temperamentos con características similares: Sed de victoria y justicia; necesidad de renovarse y gran tenacidad; determinación para lograr lo que se propusieron pese a las circunstancias y obstáculos de la época o de su propias limitaciones personales, etc. Todos ellos lograron romper viejos paradigmas, incluso reglas establecidas, sumar voluntades y compartir con otras personas sueños que hicieron más factible lo deseado. Su ejemplo nos pone en camino de una primera lección: "Si se puede soñar, se puede alcanzar lo soñado". Ese sueño que se encuentra en lo más profundo de nuestra mente, puede ser elevado a la conciencia y convertirse una imagen clara, para hacerla posible, real, concreta.

En fin, la humanidad continuará nombrando a estos y otros nombres fascinada por sus obras gigantescas; persistirá citando frases, anécdotas, hechos históricos, etc., de hombres y mujeres que a través del tiempo lograron descubrir en sus sueños la diferencia que existe entre vivir y trascender. Y es que, con sus obras, estos personajes marcaron la ruta imaginaria del saber, avivados, la mayoría de ellos, seguramente por ese otro gran destello humano al que suele llamarse "ego". Fueron personas con conocimiento y dominio de sí mismas que rompieron las cadenas que los ataban a sus miedos, atributos sin los cuales jamás se hubiera podido orientar a otros y, menos aún, maravillarlos con sus prodigiosas creaciones.

Perseverar tras un sueño --cuando este es noble o de talla mundial-- suele traer consigo problemas y hasta riesgos. Cuatro de los personajes citados murieron violentamente pero, los efectos su magna obra, han podido resistir el paso del tiempo manteniéndose vigentes hasta nuestros días. Dos mil ciento ochenta millones de seres, siguen las enseñanzas de Jesús; la libertad de los negros en Norteamérica y sus derechos civiles, son ahora más amplios que en los años sesentas; la India continúa y ensancha su independencia dejando atrás su pasado de colonia dominada por los ingleses; el grupo de rock que lideró John Lennon durante los años '60s del siglo pasado, es reconocido mundialmente como el más famoso de todos los tiempos y la balada compuesta por él --"Imagine"—es una de las canciones más bellas jamás escrita…

Así que para pensar en cómo lograr nuestro más profundo sueño, debemos primero trabajar arduamente y no desistir. ¿Con quién y cómo trabajar? Pues, primeramente, con nosotros mismos y mediante el auto reconocimiento de nuestras potencialidades y el auto-control de nuestro carácter y temperamento; dejando de hacer las cosas que nos gustan durante un tiempo, para luego volver a ellas con más fuerza evaluando los alcances de nuestra voluntad; desechando vicios y conflictos internos de personalidad; intentando superar las cosas que nos "aterrorizan"; siguiendo el camino de la fe o meditando para entrar en comunicación con un poder inspirador y motivante etc., es decir, tomar de la mano cualquiera de esos recursos que se encuentre a nuestro alcance. Démonos cuenta que los personajes citados de una u otra manera, tuvieron un encuentro de "inspiración" con Dios, la descubrieron en ellos mismos, o quizá la bebieron de alguna musa elegida. Ese "aliento misterioso" suele ser el motor para concretar sueños que nadie más pudo imaginar antes.

Como habrán visto, definir en una sola frase los significados de un sueño (dejando de lado lo que los metafísicos pudieran aconsejarnos) es complicado. Sin embargo, toda vez que hemos hecho algunas observaciones generales y dado algunos ejemplos, un buen principio para poder acercarnos más a nuestra conceptualización de sueño, será tomar en cuenta que un sueño es una imagen en nuestra mente; un anhelo profundo y algo que visualizamos a lo lejos, quizá, inicialmente como espejismo en el desierto de la intimidad. Algo que nos impulsa o que nos da una razón de vida, que nos lleva a la acción, nos llena de energía y que nos abre la posibilidad de triunfo. Un sueño siempre nos permite crear horizontes inimaginables y, porqué no, hasta pudiera hacernos inmortales para otros..."

V
TIPOS DE SUEÑO

**TIPOS
DE SUEÑOS**

Cuando me preguntan que de qué escribo, de qué tratan mis ideas, qué significado tiene este trabajo para las nuevas generaciones o, simplemente, cuál es la razón de ocupar mi tiempo en esto, generalmente contesto que lo único que pretendo es cambiar la manera de pensar de otras personas, transmitir y compartir lo que he aprendido dentro y fuera de la academia. Les digo que tengo particular interés en la generación actual de jóvenes ya que al parecer esta ha dejado de soñar y se ha conformado en vivir así, tal y como le han heredado el mundo.

En varias ocasiones he tenido oportunidad de intercambiar ideas con jóvenes y, sinceramente, la mayoría solo me infundió mayor determinación para compartir mis métodos debido a que no vislumbré en ellos la sed de triunfo, de desarrollo, para ya no hablar de sueños de revolucionar el mundo como lo hicieran los jóvenes sesenteros del siglo pasado. Aprecié que muchos de ellos viven con el "hay se va", el "haber que pasa" y el "hay vamos viendo"… Cuando pregunté en qué soñaban, la mayoría me contestó que no tenía idea, o bien que todos sus sueños eran a corto plazo…

Bueno, para alcanzar la victoria de los sueños, se vuelve sumamente importante identificar el tipo y el tamaño de ellos; ubicarlos en su justa dimensión. Aquí algunos tipos de sueño:

1.- Sueños guajiros. Son aquellos que pudieran identificarse como fantasiosos o casi imposibles. Aún dentro de estos, debemos discernir cuáles están en nuestras manos poder alcanzar (un título académico, un viaje al extranjero, aprender otro idioma, etc.) o cuáles prácticamente están fuera de nuestro alcance (sacarse la lotería, casarse con una modelo rica y famosa o recibir en herencia una fortuna de un tío desconocido). Cierta vez, me sorprendió el escuchar que un muchacho quería ser futbolista profesional. Cuando intenté mediar su caso, lo primero que hice fue alentarlo a conquistar ese anhelo, más sin embargo, pronto me di cuenta que "no daba una" en el campo de juego. No tardé mucho tiempo en llegar a la conclusión de que sin talento es más difícil la grandeza; que lo primero en un caso como este, es descubrir el tipo de aptitudes con que se cuente.

2.- Sueño de mejora. Podemos describir este tipo de sueño partiendo del deseo de perfeccionar una situación dada para alcanzar un estatus, una posición, una estadía o un entorno de confort. Este sueño suele renovarse según vayan concretándose resultados que permitan mejorar nuestro nivel de vida. El Éxodo judío que lideró Moisés lo inspiraba la búsqueda de "la tierra prometida". Caminar por el desierto durante 40 años ofrecía, precisamente eso: "una mejora a sus condiciones de vida dejando atrás la esclavitud…"

3.- Sueño de conquista. Cuando queremos un trofeo y disfrutar de ese único y exquisito sabor que es la victoria, nos ubicamos en esta categoría de sueño. Para ello, necesariamente requerimos de uno o varios adversarios, un plazo determinado, una estrategia a seguir, un equipo capaz y los recursos precisos. Es importante saber diferenciar lo que es "querer conquistar una chica" de lo que significa "querer conquistar el mundo". Mauricio Garcés y Alejandro Magno tuvieron sueños muy distintos. Mauricio presumió de numerosas conquistas gracias a sus "habilidades personales" pero, la misión de Alejandro Magno, requirió de un ejército, de tiempo completo y hasta de entregar la vida para extender el poderío de su imperio.

Este último ejemplo debiera servir para conocer y reconocer nuestros alcances (no límites) y para fijar nuestras metas analizando si las circunstancias obran a su favor. En los sueños, la otra cara en la moneda --la derrota—tiene siempre un sabor amargo, pero igualmente alecciona y fortalece si se le descifra.

4.- Sueño de dominio. El dominar varios idiomas, la PC, manejar un vehículo estándar, montar a caballo, hablar en público o pilotear una nave, pueden ejemplificar con sencillez lo que representa este tipo de sueño que destaca cuán imprescindible es el adiestramiento. Para alcanzar el dominio de algo, necesitamos primero romper prototipos para intentarlo (haciendo a un lado "el no puedo"), conocer las reglas y practicar y practicar a conciencia. El emperador romano Julio César además de escritor y orador, fue un líder militar y político, extendió su república hasta el Océano Atlántico y dictó normas y leyes para realizar numerosas reformas administrativas y económicas. Su sueño le anunciaba el dominio del mundo.

5.- Sueño de expansión. Querer tener más de lo que se tiene es un deseo común y generalizado en el ser humano. Conozco personas que aparentemente lo tienen todo (fama, dinero, poder, amor, salud, etc.) pero que aún con eso, son generadores frecuentes de proyectos nuevos que intentan diversificar sus recursos en opciones diferentes para continuar su expansión. Yo denomino a este tipo de soñadores (en el buen sentido de la palabra) "aventureros permanentes", sin contar, por supuesto, que no en todas las aventuras se alcanza el éxito esperado.

Estos soñadores toda su vida están en movimiento constante. El riesgo aquí, es el de convertirse en un inconforme irremediable o en una máquina de trabajo que no se da el tiempo de disfrutar lo que se ha logrado. Napoleón Bonaparte, que alcanzó el control de casi toda Europa occidental, sentía un irrefrenable impulso para continuar la expansión de "La France".

6.- Sueños de esperanza. Mi madre, Martha Piña --una mujer que además de mi amor se ha ganado con sus actos mi admiración-- logró reunir en su entorno a un sin número de personas, con capacidades diferentes, en una Fundación que le costó sudor y lágrimas. Desde ahí supo transmitir a los pacientes una esperanza de vivir en condiciones más justas, de ser tomados en cuenta y ser atendidos con dignidad. Confiando en ella, actualmente decenas de personas forman parte de ese Instituto altruista. Tener una esperanza, una llama encendida en el corazón, es la más profunda característica de esta variedad de sueño que, cuando logra trasmitir su brillo, son extraordinarios sus resultados.

El riesgo en estos sueños está en que, una vez ganada la esperanza de alguien, nace la posibilidad de una decepción porque las personas se vuelven más susceptibles ante la eventualidad de que demoren los

apoyos o cuando se percatan que los problemas son más grandes que
los sueños.

7.- Sueño de responsabilidad. Cuando se logre descubrir el
verdadero rol que jugamos en el mundo, en la sociedad a la que
pertenecemos y nos preguntemos conscientemente cuál debiera ser
nuestro legado de vida, estamos llegando a entender que nuestros
sueños cargan con una responsabilidad enorme que crece en la
medida que son compartidos con otros. Es necesario entender que
un líder soñador lleva consigo la encomienda de sus seguidores y que
sus decisiones afectarán a los que creen y confían en él. Por eso, es
imprescindible establecer hasta dónde estamos dispuestos a llegar y
qué precio estamos dispuestos a pagar por alcanzar nuestro sueño.

8. Sueño a distancia. Ver más allá, donde otros no ven, nos permite
prever lo futuro; nos da amplitud de miras para definir los objetivos
y desarrollar la estrategia de nuestro sueño. Soñar a distancia
es estar atento a las oportunidades; es anticipar y adaptarse
activamente a cualquier cambio que se produzca y, sobre todo, es
innovar permanentemente. Cuando logramos distinguir el horizonte,
podemos anticiparnos a los acontecimientos, por ende, preveremos
y seremos mucho más efectivos que otros que no lo hicieron. Este es
el tipo de sueño que define perfectamente "la estrella que queremos
alcanzar". Aquí lo interesante es calcular la distancia (plazo) que nos
llevará "hasta allá". Henry Ford decía que "pensar es el trabajo más
difícil que existe…". (Bueno, tal vez y si los empleados tuvieran más
tiempo libre para hacerlo, no fueran tan contadas las personas que lo
practican).

9. Sueño Interior. Al primero que hay que convencer de la
posibilidad de lograr algo, de conquistar tal o cual cosa, o de
dominar cualesquier elemento, es a uno mismo. Este tipo de sueño se
forja a partir de cualidades innatas que deben ser reforzadas con el
aprendizaje seguido de nuevas destrezas. El primer paso para cuidar
"el Yo" y hacerle crecer, es realizar una mirada introspectiva para
conocerlo a fondo, para saber qué está dispuesto hacer para cultivar
aquellas cualidades faltantes y para iniciar la búsqueda de lo que se
desea. Platón aseguraba hace cientos de años, que: "El hombre que
hace que todo lo que lleve a la felicidad dependa de él y ya no de los

demás, ha adoptado el mejor plan para vivir feliz...." Ese es el sueño interior, el que te dice: ¡todo está en uno mismo! ¡Adelante!

10. Sueño Artificial. Vivimos en un mundo donde la realidad virtual y los medios de comunicación evolucionan tan velozmente, que nuestros sueños tienen la posibilidad de deslizarse con la misma y virtual facilidad de los avances tecnológicos.

Es decir, que estamos en condiciones de difundir una idea, una iniciativa y hasta de obtener una información del otro extremo del mundo, con tan solo "el vertiginoso clic de un ratón". La tecnología avanza tan rápidamente, que "el traspasar fronteras" facilita virtualmente la tarea de los soñadores. Más sin embargo, paradójicamente, esta facilidad tecnológica ha limitado nuestro poder creativo y de iniciativa, al ser la misma tecnología la que parece transformarnos a cada uno de nosotros. Diré en todo caso, que aprovechemos esta condición tecnológica "poniéndonos de su lado", esto es, "subir a la red todos nuestros sueños y no perderlos de vista". Franz Kafka (1883-1934), escritor checo considerado uno de los más influyentes de la literatura universal, aconsejaba que "en nuestra lucha contra el resto de mundo hay que ponernos del lado del resto del mundo".

Como podemos ver, nuestros sueños pueden clasificarse según los tipos ya mencionados. Pero más allá de eso, es necesario dejar en claro que podemos extraer otras características de ellos y hasta crear nuestros propios modelos, ya que es imposible tener solo un sueño en la vida o resumirlos en alguna o algunas de las categorías mencionadas. Tengamos presente que los sueños se van renovando de acuerdo con las circunstancias y vaivenes de la época. Recordemos: Lo más importante es ubicar el sueño más poderoso, para luego invertir la vida en realizarlo; hacer de inmediato un análisis de FODA (fortalezas, oportunidades, debilidades, amenazas) y tener presentes los factores internos y externos de desarrollo al trazar la ruta crítica para conseguirlo. De esto hablaremos más adelante.

VI
EL PODER DE UN SUEÑO

Debemos imaginar qué tan poderosos pueden ser nuestros anhelos y hasta dónde podemos capitalizar nuestra energía para lograr lo que soñamos.

A continuación, descubriremos el potencial que se tiene cuando se medita bajo una orientación general rectora y haremos, así mismo, adiestramientos de cómo ejercitar un "sueño interior". No está por demás mencionar que el enfrentarnos a algo imaginario y poderoso, tiene riesgos y costos. "Tengan cuidado con lo que deseen porque se les pude hacer realidad" apunta una sabia sentencia. Una vez advertidos, mantengan la calma, sean muy serios y analíticos y sigan de cerca este necesario y sorprendente viaje al Yo Interior:

1.- En una habitación libre de ruido y en un momento de plena relajación inducida por ejercicios de profunda respiración con los ojos cerrados, imaginemos un lugar donde nos podamos sentir felices, plenos y en paz. Ubiquemos el entorno y permitámonos sentir cada elemento, cada imagen. La respiración tiene que ser el único ruido que escuchemos por lo que debemos acompañarla con una postura cómoda…

Lo que queremos conseguir con este primer ejercicio, es una meditación profunda que nos permita "liberar la mente del cuerpo" (y de la realidad) para así poder inducir nuestra mente a un sueño profundo de realización, de creación sin límites, de verdadero desarrollo interno y personal.

2.- Cuando logremos por lo menos en unas tres ocasiones contactar con nuestro "Yo interior" y deslicemos nuestra imaginación a un estado de tranquilidad tal que nos permita despertar con una paz radiante y una sensación de felicidad y relajación en un periodo no menor a 15 minutos, nuestra meditación ha iniciado por buen camino. Deberemos rodearnos del cuidado de una persona de confianza que esté al pendiente de este ejercicio para que pueda despertarnos --después de 1 hora y 30 minutos de haber iniciado-- en caso de requerirse. Esto parte de un principio que, convertido en práctica, puede descubrir deseos, lugares, personas, situaciones, que posteriormente podremos utilizar para abrir nuestra mente y poder descubrir cosas que en un estado de conciencia habitual, difícilmente pudiéramos hacerlo.

3.- Existen varias técnicas que se pueden probar, una a una, para alcanzar el mejor estado de meditación. Mantengamos abierta la puerta a nuestro interior y pongamos a prueba los siguientes ejercicios:

ANAPANA

Esta meditación milenaria se traduce como "calma mental" y se practica haciendo consciente el roce del aire al pasar por las fosas nasales cuando se respira. Se debe procurar estar presente en cada aliento hacia dentro y hacia fuera, permitiendo que los pensamientos y sensaciones cambiantes de tu cuerpo-mente se pongan en un segundo plano.

CRANEAL

Al inhalar el aire durante la respiración, visualiza una corriente de energía que entra por la frente y ojos en forma de luz dorada y alcanza el centro del cerebro. Al exhalar, siente que la corriente de luz sale al espacio por la coronilla y parte superior de la cabeza. Entre la inhalación y la exhalación, relájate un instante dejando la respiración suavemente en suspenso y notando cómo la energía vibrante baña todo el cerebro. La mirada se dirige hacia el interior o entrecejo, sin esfuerzo alguno, en cuya pantalla mental surgen, en ocasiones, imágenes, formas, colores.

ZEN-HARA

Durante el ejercicio de respiración, mantén la atención en la zona abdominal, llevando un movimiento de flujo y reflujo constante y natural de inhalación-exhalación. Otra posibilidad es recibir el aire desde la nariz hasta el pecho y, durante la exhalación, has descender la energía hasta el vientre donde se sentirá que se acumula ésta en forma de calor y conforme continúa el ejercicio.

LA ROSA

Visualiza frente a ti una rosa preciosa y perfecta, del color que prefieras, roja, rosa, amarilla,… Mientras la contemplas, piensa que tiene el poder de absorber cualquier energía que se le envíe transformándola en belleza y perfume, siempre fresca. Ahora, cada vez que exhales, mándale los pensamientos que tengas, sean estas preocupaciones, molestias, cansancio, estrés, sentimiento de inseguridad, dispersión, hundimiento… etc., lo que sea que estés experimentando. La rosa lo toma y lo convierte en un aroma delicioso que tú respiras llegando a sentirte más y más liberado dentro de ti mismo, tranquilo, feliz.

PURIFICACION

Los chakras son centros de transformación de la energía. El chakra superior está en el centro de la cabeza, con la forma de una esfera de luz blanca. El segundo está en la garganta, con la forma de un triángulo de luz roja o rubí. El tercero está en el pecho y se visualiza como un cielo de luz azul sin límites. El cuarto está a nivel del ombligo, como un luminoso cubo amarillo o dorado. El quinto está en la zona genital, con la forma de una media esfera de luz verde con la cúpula hacia arriba. Con los ojos cerrados imagina cada una de estas figuras de luz y con tus dedos, presiona en cada punto acompañando de respiraciones lentas y profundas, sintiendo como fluye la energía a través de ellos.

MAITRI

Centra tu conciencia en el pecho y, mientras respiras lo más relajadamente posible, visualiza un punto de luz en medio del corazón.

Momento a momento, lentamente, la luz va extendiéndose y abarcando más áreas. Primero alcanzará tu cuerpo, llenándote de calidez; luego a todos los que están a tu alrededor en sentimiento de estima; con una sonrisa serena deja que se comunique con tu conciencia. Luego la luz del corazón abarca el edificio, la manzana, la ciudad, etc. Y sigue extendiéndola todo lo que quieras, llegando a muchos seres vivos de la tierra…

Es imperativo poder preparar ese "Yo Interno" antes de lanzarnos a "la búsqueda del sueño perdido". Hagamos cualquiera de estos ejercicios, monitoreados por otra persona de confianza y cuya duración no debe pasar de más de hora y media. El día que se decida emprender "el viaje", debemos estar seguros que ya dominamos una o varias de estas técnicas de meditación y de que podemos contactar ya con ese espacio imaginario. Esto será tan solo el inicio en la búsqueda de la verdadera razón de nuestra existencia.

Pero nuestra razón de vida no se visualizará a las primeras de cambio. Por ello será necesario concentrar nuestro cuerpo y mente en ese estado inicial de absoluta realización interior que nos ofrecen los ejercicios mencionados; caminar por esa visión inducida entre imágenes de perfección, visualizar los detalles del entorno (dónde, cuándo, con quien, etc.) y luego traer todo eso, lo más claramente posible, a nuestro nuevo estado mental.

Toda visión y cada detalle, deberán ser recreados de inmediato sobre un papel que servirá para verlos "materializados", es decir, proyectados fuera de nosotros. Una vez plasmados en papel, debemos poner un nombre a esa "visión creada"--cualquiera que sea-- antes de seguir la ruta de sus pasos. Dalai Lama le llamó "la política de la gentileza" y a través de ella ha logrado dirigir a los tibetanos de una manera particular, eficaz para unos, rara para otros y polémica para muchos.

❀ ❀ ❀

¿Cómo elegir el nombre de nuestro sueño? Lo que sugiero es que probemos con platicarlo con alguien de suma confianza y que tenga como característica principal el optimismo. Les garantizo que si lo intentan, obtendrán de inmediato el nombre que buscan.

Pongámosle plazo y hagamos un cronograma de actividades donde señalemos, en cada faena desglosada, cuánto tiempo se tiene para realizar cada una y, en otro apartado, qué requerimientos existen para poder llevar a cabo la tarea, quién puede ayudar a ejecutarla y, sobre todo, cuáles van a ser la acciones específicas para lograr cumplirla en el tiempo establecido. Debemos hacer con nuestras actividades, una tabla de importancia (ABC) que nos permita marcar los avances. Es recomendable también, hacer un análisis de posibilidades y compromisos personales para que este cometido, no se agregue a la lista de sueños sin cumplir o al inventario de las buenas intenciones.

Sugiero que cada paso firme que se dé rumbo al objetivo, pueda ser recompensado. Siempre es bueno para la autoestima empezar a reconocerse uno mismo para que, en lo futuro, podamos igualmente ser reconocidos por los demás. No sé si te guste usar corbata, ver una buena película o tal vez quisieras realizar aquel viaje que tanto deseabas en compañía de tu familia… ¿Qué esperas? ¡Hazlo ya! Procúrate un regalo en el interludio de tu esfuerzo y tenacidad.

Si se tratase de un sueño colectivo ¿Cuál sería la estrategia de crecimiento o expansión de tu sueño? Bueno, aquí la única manera de convencer a alguien de que lo que yo creo o hago es lo correcto, es mediante el ejemplo. Predicar con congruencia es sin duda una atracción grande para los demás pero, si a esto agregas un toque de seguridad, disciplina y lealtad, tarde o temprano tendremos mucha gente detrás de nosotros, persiguiendo los mismos ideales.

Cuando llegue el momento en que dos o más personas se convoquen en torno a un mismo sueño, es de vital importancia que nos convirtamos conscientemente y cuanto antes, en el impulsor de los sueños de los demás (punto que detallaremos más adelante); que seamos los auténticos líderes que impulsen y dirijan el equipo recién formado para alcanzar los objetivos trazados.

Bien. Hemos dado hasta aquí demasiados ejemplos para no olvidar en ningún momento, que el poder de los sueños es tan grande e ilimitado que se puede lograr con él la transformación de uno mismo, de nuestros compañeros y, como hemos visto, toda proporción guardada, del mundo que nos rodea. ¡De que se puede, se puede!

PLANEACIÓN ESTRATÉGICA

El simple hecho de formar parte de una organización pública o privada, de pertenecer a una estructura establecida independientemente del nivel jerárquico que ocupemos en ella, pone en nuestras manos la posibilidad de construir sueños. Por supuesto que aplicar alguna de las técnicas anteriormente sugeridas pudiera resultar complicado. Imagine usted al jefe de empresa haciendo la meditación de "La Rosa". Para casos como ese, existe la alternativa de una técnica administrativa que puede servir para crear una visión grupal de éxito llamada Planeación Estratégica.

La planeación estratégica en una organización debe construirse a partir de realizar proyecciones colectivas a largo plazo, acordar requerimientos para conseguir las metas (sueños) y presupuestar, anualmente, lo que se requiere a detalle para que la organización asegure sus operaciones. Sócrates en la Grecia Antigua, comparaba ya las actividades de un administrador con las de un general al señalar que en toda tarea, quienes pretendan ejecutarla debidamente, tienen que hacer planes y mover recursos para alcanzar los objetivos.

Durante la planeación se deben acordar estrategias para el crecimiento y la diversificación definiéndolas perfectamente. Es también conveniente dividir en unidades organizacionales, las funciones que nos permitirán alcanzar los objetivos, hacer proyecciones, visualizar a tiempo los posibles cambios sociopolíticos y realizar simulaciones o pruebas piloto con algunas estrategias alternativas.

Generalmente, es la gerencia alta quien está a cargo de la estrategia y su deber será presentar un Plan General de la Organización así como indicar los caminos para ponerlo en marcha mediante esquemas de auténtico liderazgo (la planeación estratégica puede ser impulsada por cualquier miembro de la organización, más, sin embargo, deberá ser siempre soportada por los dirigentes).

Conviene hacer sesiones periódicas de trabajo donde se acuerden compromisos con cada integrante y a todos los niveles, para que al final se concluya en un solo punto y solo después de haber discutido la estrategia general de crecimiento. Habrán de tomarse en cuenta las aportaciones externas, la importancia del entorno y el uso de la tecnología.

No podemos hablar de una correcta planeación estratégica, si no consideramos los riesgos, la celeridad con que se adquieren o se desaprovechan las ventajas competitivas, el hacer una valoración de nuestro capital humano y lo que costará nuestro programa de trabajo.

Se deben tener en cuenta "los vacíos" de la organización y todos los escenarios posibles del proyecto; examinar el impacto ambiental, el social, la factibilidad financiera, la competencia, la capacitación y hasta la sensibilidad para aprovechar al máximo la experiencia de los integrantes. Se pretende llegar a consolidar una filosofía de grupo entre los activos existentes, entrenar al equipo en temas como servicio, mejoramiento continuo, calidad integral, liderazgo, etc.

La planeación estratégica que propongo, debe manejar base de datos, benchmarking (comparadores), holística gerencial, inteligencia emocional e indicadores en todo momento, que permitan conocer el comportamiento de nuestra organización y, por ende, los avances del proyecto obtenidos por el grupo de jóvenes.

VII
REVELANDO TALENTOS

EXPLOTANDO TALENTOS

Un día un viejo amigo me reveló que Dios nos da talentos como regalo de vida y que lo que se logre hacer con ellos, será entonces nuestro regalo para Dios.... Por un momento me quedé pensando en aquella revelación y luego me pregunté ¿Pero cómo revelar nuestros talentos? ¿Cómo saber para qué se es bueno en la vida? ¿Qué habilidades poseo y cuáles puedo llegar a desarrollar? ¿Qué acciones pueden permitir realizarme como persona?

Lo primero que he aprendido frente a estas interrogantes, es a responder que debemos dejar de trabajar en nuestras debilidades para empezar a trabajar las fortalezas. Existen en la red, una amplia batería de "test" que permiten descubrir, reafirmar o reorientar nuestras habilidades y talentos, así como averiguar si somos persuasivos, hacedores, solidarios, creadores, pensadores u organizadores. Estas pruebas nos ofrecen bases generales para advertir nuestro perfil psicológico, así como las características y potencialidades que nos permitirán detectar para qué somos buenos... Les comparto una dirección que, entre muchas otras, pudiera permitirles localizar estas pruebas psicométricas: http://www.desarrollarme.com/site/web/tests

Siempre será bueno tener presente que tarde o temprano rendiremos cuentas a Dios, a los demás y a nosotros mismos por cada don, oportunidad, talento o recurso que hayamos recibido de la vida. Si damos menos de nuestro mayor esfuerzo, estaremos evadiendo en gran parte nuestra responsabilidad; en cambio si damos nuestro mejor esfuerzo, podremos convertir nuestras vidas en algo especial como para conmover positivamente las vidas de otros.

Existe una corta historia que me encanta y que aquí les comparto: Había una vez un granjero que tenía una vaca para venta. El comprador le preguntaba de todo al granjero, sobre el pedigrí de la vaca, sobre su producción de crema y, por supuesto, la producción mensual de leche… El granjero respondió de manera directa tal y como acostumbran los trabajadores del campo: "No sé qué es pedigrí… no tengo idea sobre el asunto de la producción de crema… pero, lo que sí sé, es que esta es una vaca buena que le dará toda la leche que tenga". El granjero con su explicación, ofrecía lo mejor de él y de su establo…

La diferencia entre una vida de éxito y una de fracaso, muchas veces es tan pequeña que la puedes encontrar en la respuesta que des a un test ocupacional. Por ejemplo, cuando estás buscando un empleo relacionado con tu carrera profesional y eres cuestionado sobre tus habilidades, es necesario que presentes ventajas que te hagan sobresalir de entre las demás personas; que te presente como lo que eres, un ser humano valioso y lleno de talento. El indicar las habilidades en una prueba de ingreso laboral o en el currículum de vida, denotará que somos personas preocupadas por nuestro desarrollo, por conocer más de nosotros mismos y de nuestra profesión. Si cuidamos estos aspectos, podemos tener mayores posibilidades de que nos contraten entre, digamos, los 40 solicitantes que están aplicando para un mismo puesto.

La vida en su conjunto, es un proceso de desarrollo con altibajos. A veces se avanza a saltos y otras pereciera que se retrocede. Si tú te encuentras estancado en tu actual actividad, es probable que necesites considerar un cambio de carrera y en eso te puede ayudar un test vocacional. Si no te conoces a ti mismo, nadie te conocerá; si no sabes cuánto vales, nadie te va a dar el valor que tu tienes; si no creces o avanzas, te quedarás atrás y eso no es bien visto por quienes te rodean. Si sigues así, recuerda muy bien lo siguiente: "La vida se cobrará caro a la hora de hacerte las cuentas"

Tú puedes ser mejor de lo que eres actualmente. ¿Por qué seguir detrás de un escritorio toda tu vida? Tal vez y tienes el talento de un Van Gogh o de una Frida Kahlo; quizá pudieras ser el próximo guía espiritual que el mundo está esperando o el investigador que encontrará la cura contra el SIDA… ¡Qué sé yo! ¡Sueña en grande! Nunca podrás conocer el "hasta dónde" si no lo intentas.

"El creer eleva nuestro talento, la pasión estimula nuestro talento, la iniciativa mueve nuestro talento, el enfoque dirige nuestro talento, la preparación posiciona nuestro talento, la práctica afina nuestro talento. Pero además, la perseverancia sostiene nuestro talento, el valor pone a prueba nuestro talento, el conocimiento amplía nuestro talento, el carácter protege nuestro talento, las relaciones influyen nuestro talento, la responsabilidad fortalece nuestro talento y, el trabajar en equipo, multiplica nuestro talento". He ahí que todos los caminos llevan a Roma.

John Maxwell --considerado por muchos el mejor motivador de América—nos compendia en una frase su visión: "si tienes talento, destacarás"…. Y efectivamente, todos tenemos algún talento y de eso ya no hay duda. Maxwell también sugiere:

- Juntarse con personas que posean un gran deseo
- Desarrollar un descontento con el estado actual de las cosas (sin llegar al pesimismo)
- Detectar las cosas que nos entusiasmen
- Poner nuestras posesiones vitales para alcanzar ese sueño
- Visualizarnos disfrutando de las recompensas de ese sueño

Por supuesto que estos cinco puntos son vitales para alcanzar nuestros sueños. Por lo mismo, debemos descubrir si estamos en la dirección correcta, si nuestro vehículo de vida se encamina por el sentido adecuado y si estamos haciendo algo que nos guste al grado tal que nos sintamos satisfechos cada día como para quedarnos con esa grata sensación de continuar haciéndolo.

Permitámonos ser nosotros mismos; seamos los mejores conocedores de nuestros propios logros y avances, de nuestras preferencias y vocaciones. No porque mi padre es químico yo voy a ser un ingeniero como él; no porque mis hermanos sean músicos yo tengo por tradición el deber de ser otro músico en la familia. En la respuesta que des a circunstancias como estas, se encuentra la más estrecha línea entre la frustración y la verdadera búsqueda de la realización personal, y por tanto, de la plenitud personal.

No esperemos encontrar en los ejercicios arriba mencionados, ni a lo largo de la presente obra, todas las respuestas a "nuestra razón de ser". Mi propuesta es solo eso, una propuesta, una guía para encontrarla. Claro que pretendo además, ir guiando a los jóvenes a descubrir y manifestar por sí mismos sus talentos, así como ponerles a investigar en lo que hemos venido insistiendo: "El Poder de los Sueños".

Concluyo reiterando lo que comenté en un principio: Sin talento no hay grandeza. Pero agrego, el talento es inherente al hombre, pero este al nacer trae consigo una sola cualidad: la cualidad de desarrollar otras cualidades. Por eso tenemos que invertir algo de tiempo en descubrir nuestro talento para luego desplegarlo.

VIII
IMPULSANDO LOS SUEÑOS DE LOS DEMÁS

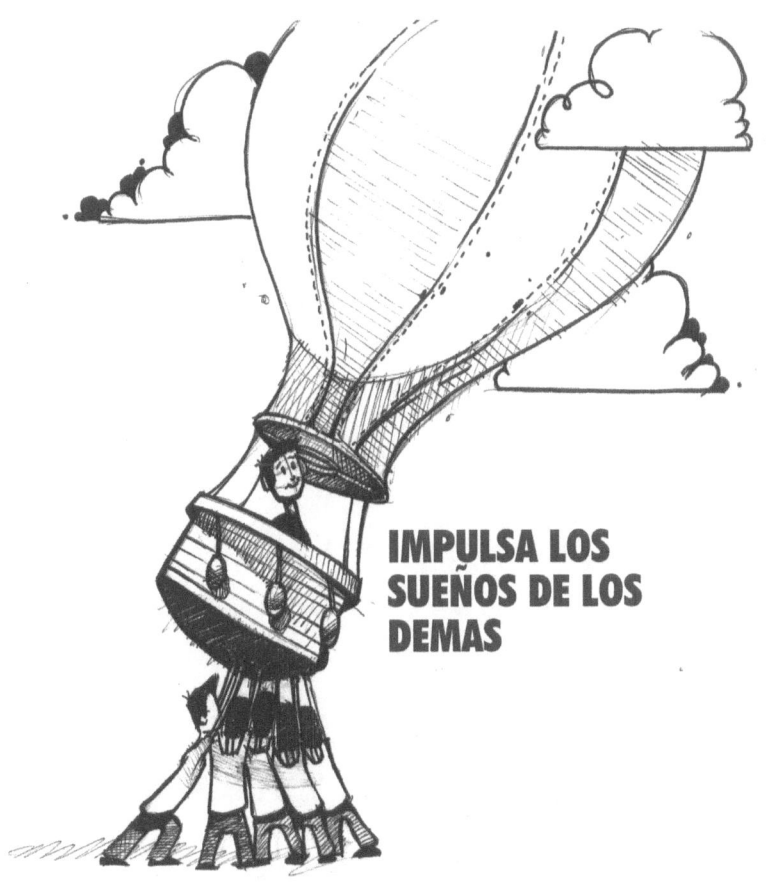

IMPULSA LOS
SUEÑOS DE LOS
DEMAS

Apoyado en la fuerza de quienes le rodean, todo "líder" puede ser capaz de cambiar el mundo, el rumbo de la historia, un pueblo, un pequeño grupo o una nación; establece muchas veces la diferencia entre ganar o perder una batalla. Es la persona apta para hacer creer y para vencer. Muchas de las veces arriesga y para él la causa común es lo primero.

Existe un sinnúmero de definiciones que probablemente coincidan o no con esta opinión personal. La verdad, es que no vamos a detenernos en ello y solo adelantaré para consumo interno, una opinión lacónica: "Líder es todo aquel que apoya a otros y los dirige para alcanzar objetivos…"

Por eso, más que definiciones, será mejor para los objetivos del proyecto, desdoblar el concepto tomando en cuenta opiniones diversas. Una de ellas es sin duda, la de establecer las diferencias entre "un jefe" y "un líder". Mostraré a continuación una tabla con algunas características de uno y de otro que podrá servir para mejorar nuestra y de nuestros sueños.

JEFE (Autocrático)	LIDER (Democrático)
Inhibidor	Impulsor
Egoísta	Solidario
Mentiroso	Honesto
Neurótico	Conciliador
Vengativo	Tolerante
Rencoroso	Comprensivo
Cobarde	Valiente
Comodín	Ejemplar
Falso	Auténtico
Ingrato	Agradecido
Hipócrita	Sincero
Soberbio	Humilde

Todo líder debe tener un objetivo común, es decir, un sueño compartido con otros. Tras ese sueño, surgirán en el grupo una o varias personas que liderarán y sostendrán el sueño grupal, todos con la confianza plena de su colectivo y bajo cinco principios elementales: Lealtad, perseverancia, inteligencia colectiva, comunicación y un agudo sentido de negociación denominado "ganar- ganar" que significa ganas tú, gano yo, ganamos todos.

En los grupos con sueños compartidos, se necesita de todos mucho esfuerzo y sacrificio para lograr el sueño deseado, así como para compartir equitativamente entre el colectivo los dividendos y créditos que se conquisten. Un líder reconoce siempre a sus compañeros y, cuando se ofrece reprender a alguien, deberá hacerlo en privado, con elementos y sin ofensas, respetando el derecho de réplica y, de ser necesario, aplicando sanciones ejemplares pero justas y en franca comunión con las reglas internas establecidas. Más aún, antes de tomar una decisión, deberá consultarla con las bases, el consejo o comité directivo. Esta es la brecha que se abre entre la tiranía y la justicia democrática de un dirigente.

Un líder tiene como principal característica, la de ser un constructor, organizador y persuasor constante, para saber impulsor y motivar a su familia, equipo, organización o pueblo, a alcanzar sus sueños.

Conozco personajes que han logrado que su equipo sea tan poderoso que ellos mismos proyectan su poder. ¿Cómo? Con esa destreza que tienen de saber escuchar a la gente, de entenderla y de descubrir sus talentos para sumarlos a la actividad grupal.

Los anglosajones han creado una tecnología administrativa llamada "empowerment" que significa potenciar y que, a través de esta herramienta de "empoderamiento", la organización otorga a sus trabajadores la tecnología y la información necesarias para que hagan uso de ellas de forma óptima y responsable para alcanzar los objetivos propuestos.

En el marco de esta "novedosa" propuesta de filosofía empresarial, el líder de la organización delega poder y autoridad a sus compañeros. La toma de decisiones ya no depende de una sola persona sino que ahora el colectivo posee la autoridad crítica y la responsabilidad necesaria para llevar a cabo sus labores. Con esta "nueva herramienta", se le da la oportunidad al joven de dar lo mejor de sí, de obtener un mayor rendimiento en el plano humano y profesional y de que se sienta parte de su propio trabajo, impulsando de forma estratégica la labor de equipo; remplazando el modelo jerárquico de impartir órdenes desde los niveles más altos de la organización.

Pero ¿Cómo empoderar a esa persona que tiene 17 años haciendo la misma cosa de manera sistemática y que no tiene mayor interés de participar para salir de su rutina y, por si fuera poco, que genera desconfianza y conflicto con otros? ¿Cómo vamos a facultar a ese compañero (a) que se la pasa en escritorios ajenos llevando y trayendo información distorsionada? O, peor aún, ¿Cómo vamos a lograr impulsar los objetivos del grupo cuando el líder se comporta más bien como el jefe autocrático descrito en el cuadro anterior?

A ver, "continuemos, que poco a poco se va lejos" como se dice entre los alcohólicos anónimos. Consideremos otras características del líder para intentar responder las cuestiones pendientes. Un líder puede distinguir a tiempo cuando está presente la oportunidad --por mínima que sea-- de emprender cambios aún en un clima organizativo interno aparentemente adverso. El líder goza además, de la autoridad suficiente como para que su opinión sea tomada en cuenta como una instrucción reglamentaria...

Así pues, a nuestro alrededor siempre habrá una persona, alguien con quien tengamos afinidad ya sea porque nos conocemos de tiempo, porque vivimos en el mismo barrio o porque pertenecemos a un mismo equipo deportivo... etc., simplemente se coincide y se comparten ideas, sueños, caminos, acciones. Con esta persona, podemos ya comenzar a trabajar eso que estamos llamando impulsar los sueños y poner a prueba nuestro liderazgo incipiente. Un buen inicio pudiera ser encontrar el mejor momento para preguntarle:

1.- ¿Qué te gusta hacer? Con esta pregunta podemos descubrir sus pasiones.

2.- ¿Por qué te gusta? Aquí podemos darnos cuenta de posibles talentos y habilidades.

3.- ¿Estás contento (a) con lo que estás haciendo actualmente? A través de esta pregunta podremos averiguar el estado de satisfacción presente para luego generar la necesidad de la mejora personal.

4.- ¿Cómo imaginas tu vida en cinco años? Aquí empezamos a compartir una visión de futuro y nos colocamos frente a la oportunidad de ayudarle a clarificarla; a poner nombre y plazo al sueño.

5.- ¿A qué te gustaría dedicarte en este tiempo? Detectaremos de inmediato si nuestra visión puede ser compatible o bien solo ayuda a su sistema personal.

6.- ¿Cuál es tu sueño? Probablemente no será solo uno, pero tal vez puede ser también el nuestro o, al menos, ser afín y lo único en todo caso que se requiere, es reorientarlo.

7.- ¿Qué vas a hacer para lograrlo? Cuando llegamos a notar sinceridad en la respuesta a esta interrogante, "el control de su sueño está en nuestras manos" y, si logramos atinar en nuestros comentarios, es decir, que logremos motivarla (o) a buscar una ruta que probablemente ni había imaginado, estaremos ya impulsando sus sueños.

8.- ¿Qué te ha faltado para lograr tu sueño? Seguramente después de preguntarle esto, su estado de ánimo bajará, pero descubriremos las debilidades donde trabajaremos un poco, para luego desde nuestra iniciativa, generar autoestima, localizar fortalezas y, finalmente, despertar la necesidad de conquistar su sueño.

9.- ¿Te gustaría que te compartiera mi sueño? Si la respuesta es sí, seamos sinceros y claros, sobre todo si tratamos de persuadirle para concordar. Si fuera posible, también compartámosle cómo hemos avanzado y cómo hemos logrado nosotros vencer obstáculos.

10.-¿Qué te parece si le comentamos a X o Y compañero (a) lo que estamos pensando? Quizá él, o ella, sean más compatibles con el "jefe" o se lleve mejor con tal o cual compañera (o), etc. Pero cuando se logra convencer a alguien al grado tal de que esté listo para convencer a otros, está por demás decirle que su sueño está en camino.

Convirtámonos pues en impulsores de sueños, en facilitadores, para que nuestros convocados puedan alcanzar sus propias estrellas. Gracias a eso, lograremos trascender y sin duda alcanzar nuevas metas como también nuevos adeptos a nuestro sueño colectivo.

Cuando tengo la posibilidad de compartir mis conocimientos con una determinada audiencia, lo primero que hago antes de empezar mi exposición, es preguntar a dos o tres personas, por ejemplo... ¿En qué sueñas? Si el argumento de la respuesta se presta para poder continuar con las otras nueve preguntas, por supuesto que lo hago y, créanme, que el poder que se adquiere para influir sobre ellos en ese momento es tan fuerte que incluso hemos logrado recuperar no solo sueños adormecidos, sino hacer vibrar hasta las lágrimas a las personas en el momento de su reencuentro con ellos mismos.

Por último, en este punto de intervención social, quisiera sugerir que antes que iniciemos una faceta como impulsores de sueños, clarifiquemos primero los sueños propios. Y es que nadie puede dar lo que no tiene y, la verdad, de nada servirá tratar de empoderar a compañeros o amigos, si nosotros no hemos aún encontrado esa razón por la cual vale la pena vivir y esforzarse. "Sólo una cosa convierte en imposible un sueño y es el miedo a fracasar." (Paulo Coelho)

IX
SOLIDARIDAD Y TOLERANCIA

En mi País (México), hemos tenido grandes y al mismo tiempo difíciles experiencias donde la solidaridad de la gente "surge de la nada" dando muestras de cómo "la unión hace la fuerza". Hablo de difíciles experiencias porque, desafortunadamente, se ha tenido que pasar por situaciones de crisis en las que todo un pueblo, en la emergencia, no tiene otra salida que "el darse la mano entre sí" y compartirla con el más débil... Con los caídos en desgracia. Recuerdo que de niño se hablaba de que en el sismo de 1985 la gente –en medio de una de las tragedias más grandes de la historia nuestra-- se despojó de su individualidad cotidiana para convertirse en voluntarios de la necesidad pública. Esta gente dedicó tiempo y esfuerzo para poder rescatar a cientos de compatriotas que yacían bajo los escombros en la capital del país, al mismo tiempo que participaban en la instalación de albergues donde los víveres y medicamentos llegaban de todas partes de mundo. Ese trágico año, personajes encumbrados, pero más la gente del pueblo, se enfundaron el overol y ensuciaron zapatos y manos para rastrear --las 24 horas del día-- a personas que bajo toneladas de cemento conservaban la esperanza de ser rescatadas con vida... Ese año, la función del Estado, fue superada y evidenciada por la extraordinaria solidaridad popular.

Un caso más reciente, es el relacionado con los huracanes "Ingrid" y "Manuel" que durante el mes de septiembre de 2013 azotaron nuestro país sembrando pánico, muerte y destrucción. Nuevamente, la solidaridad y generosidad ciudadanas reaparecieron manifestándose desde varios estados de la República apoyando con víveres y medicamentos a los damnificados.

Estos dos ejemplos nacionales referidos ya no solo para nuestra América sino para el mundo, han puesto de manifiesto uno de los más grandes valores de ser humano: "El Dar". Junto a ese valor, su contraparte, pernicioso como el sismo y la tormenta: el mal gobierno.

Cuán difícil es, en una situación ordinaria, desprenderse de algo valioso --tiempo, dinero, conocimiento o cualquier otro bien-- aun así sea para ayuda de nuestros semejantes. Pero, experiencias como éstas, nos dicen que en el fondo de nuestro ser como sociedad y en cada uno de nosotros como ciudadanos, se encuentra viva esa ancestral cualidad humana a la que llamamos aquí SOLIDARIDAD y que solo hay que avivarla cotidianamente, para que no sea necesaria una nueva tragedia nacional para hacerla resurgir de los escombros de la indiferencia.

Ya lo dijimos, un buscador de sueños tiene la peculiaridad o, mejor dicho, la virtud, de ser habitualmente solidario con sus semejantes. La Madre Teresa de Calcuta decía: "Hay que dar hasta que duela..." Por eso querido lector, debo insistir en que si usted en verdad desea trascender, ayudar a los demás y alcanzar sus propios sueños, debe iniciar por "desprenderse de lo superficial y mundano". Dé y comparta lo que tiene, pero no por eso facilite lo que ahora le sobra o lo que ya no quiere; hágalo con lo que le gusta o aquilata entre sus pertenencias, ya sean estas materiales o espirituales. A mí me consta que a medida que vamos despojándonos de la frivolidad con la que dirigimos nuestras vidas, la esencia del ser humano —ese resultado final del conjunto de las relaciones sociales-- sale a flote por encima de todo y se reconoce a sí misma para continuidad y ejemplo de la raza humana.

Una muestra muy simple y sincera de lo que puede significar "El Dar" pudiéramos descubrirla en el siguiente ejemplo: Cuando he tenido el honor de coordinar o dirigir un grupo de gente --ya sea en un trabajo, proyecto o comisión asignada-- lo primero que hago es dar el tiempo suficiente a la integración y consolidación del equipo; en seguida se da seguridad y confianza al grupo con la idea de construir juntos y desde abajo; por último y no por eso menos importante, nos damos la mano entre todos abiertamente para que sea más sencillo y práctico el alcanzar nuestro objetivo. En cada momento, intentamos dar lo mejor de cada uno y compartir nuestra experiencia y conocimientos sin reserva a los demás. No hay duda de que dos cabezas piensan mejor que una y de que entre todos es más fácil sostener la carga. Dar y compartir es el consejo.

Partes fundamentales para lograr la participación social, son el entendimiento y la cooperación bilateral. Por eso es importante tener presente que aunque "respaldo obliga a respaldo", no podemos obligar a otro a que nos ayude y menos cuando ese otro imagina que no será correspondido oportunamente. Conozco gente ingrata que al verse en un estado de beneficio gracias a las acciones de grupo, se ensimisma para reservarse lo obtenido sin reconocer en los demás su labor y sin compartir lo logrado por todos. (Cualquier semejanza con algún político mexicano es mera coincidencia).

A continuación, participaré de una impresionante y conmovedora historia que muestra la fuerza que tiene el creer y el incentivar a un semejante, y cómo es que "El Dar" puede transformarnos completamente:

"El primer día de clase en que la Maestra Mary se enfrentó a sus alumnos de quinto grado, les dijo que ella trataba a todos los alumnos por igual y que ninguno sería su favorito.

Sentado, en primera fila, estaba José, un niño solitario con "actitud retraída" que siempre andaba sucio y despeinado. Un año antes, esa Maestra había tenido a José en su clase y veía desde entonces en él un chaval "difícil", al mismo tiempo que parecía disfrutar el hecho de poder evaluar --con tinta rojo-- los trabajos que aquel niño le entregaba, calificándoles invariablemente con 4 ó 6 en una escala de 10.

Pero en la escuela donde estudiaba José, se requería que los maestros hurgaran, en los archivos del plantel, el historial y la trayectoria de cada alumno para evaluar mejor y especialmente, a los estudiantes de los grados superiores que pronto dejarían la educación básica. Cumpliendo con ese requisito, esa vez tocó que el expediente de José fuera el último que la Maestra Mary fiscalizara. Cuando empezó a leerlo, ella se encontró con varias sorpresas: La instructora de José en el Primer grado había reportado… "José es un niño muy brillante y muy amigable, siempre tiene una sonrisa en sus labios; hace su trabajo a tiempo y tiene muy buenos modales. Es un placer tenerlo en mi clase".

La de Segundo grado informaba: "José es un alumno ejemplar, muy popular entre sus compañeros, pero últimamente muestra tristeza porque al parecer su mamá padece de una enfermedad incurable".

La maestra de Tercer grado: "La muerte de la mamá de José ha sido muy difícil para él; como alumno intenta hacer lo mejor que puede, pero ya no muestra interés. El papá ha desatendido la educación de su hijo y, si no se toman medidas serias y oportunas, todo esto va afectar irremediablemente la vida del niño"

La propia Maestra Mary, habiendo sido su profesora en el Cuarto grado, reconoció en ese instante el texto olvidado de su reporte: "José no muestra ningún interés en clase, más bien lo encuentro retraído; cada día se cohíbe más ante el grupo de manera por demás preocupante; no parece tener ninguna amistad ni ambición alguna…

Después de leer y releer todo aquel historial académico y de conducta, la Maestra sintió vergüenza por haber juzgado superficialmente al niño; por haber valorado desde su muy particular punto de vista, el desempeño de José desconociendo las razones más generales y profundas de aquel comportamiento infantil. Tardó tiempo la Maestra en superar aquel trago amargo…

Pasaron algunos meses… Al final del ciclo escolar, durante las fiestas decembrinas y bajo el entusiasmo de la costumbre, todos los alumnos llevaron regalos de navidad a su Maestra cubiertos de fino papel, con excepción de José, que había envuelto el suyo en cartón de tienda. La Maestra Mary abrió todos los regalos y cuando hizo lo mismo con el de José, todos los alumnos se rieron al ver lo que contenía. Dentro de aquella envoltura había un pequeño frasco con un cuarto de perfume y un brazalete al que le faltaban algunas piedras. Para acallar las risas de los alumnos, ella se colocó inmediatamente el brazalete y se aplicó un poco del perfume en cada muñeca. Ese día, José, que se quedó después de clase, dijo a su educadora: "Maestra Mary, hoy huele usted como mi mamá"… Cuando quedó sola la Maestra no pudo evitar soltar el llanto.

Desde ese día ella cambió la métrica. En vez de enseñar solo lectura, escritura y aritmética, decidió "educar a los niños": Empezó a poner más atención en José y en todos los demás; notaba que mientras más ánimos daba a los alumnos, con más entusiasmo participaban en clase... Lo cierto es que al final del año, José se había convertido en el más destacado de su generación y, a pesar de la advertencia de aquella Maestra en el primer día, José se había convertido en el alumno preferido.

Pasó el tiempo... Tres años habían transcurrido desde que aquel alumno terminó su educación básica... Un buen día, la Maestra Mary recibió una carta en la que José le decía que se había graduado en la escuela secundaria y que había terminado en tercer lugar; también le expresaba que ella era la mejor maestra que él había tenido.

La vida continuó su marcha inexorable; José abandonaba su pueblo por largas temporadas. Pasados los años, aquella Maestra rural volvió a recibir noticias. Esta vez José le escribió diciendo que se le habían hecho muy difícil los estudios, pero que muy pronto se graduaría con Honores en la Universidad; le aseguró nuevamente que todavía ella seguía siendo la mejor maestra que había tenido en su vida.

Desde entonces, cada año que pasaba, la Maestra esperaba ansiosa informes de aquel niño convertido en hombre. Fue hasta tres años después que ella volvió a tener noticias. En una carta José le explicaba que había adquirido su título y que había decidido continuar con su educación. José le volvió a recordar que ella era la mejor maestra. Esta vez la carta estaba rubricada con un "Dr. José....."

Bueno, la historia no termina ahí. En la primavera siguiente, aquella Maestra volvió a recibir noticias. En una carta, José le explicaba que había conocido a una muchacha con la cual se iba a casar y que quería saber si ella podría asistir a la boda tomando el lugar de sus padres ausentes, ya que don Ramón, el autor de sus días, había fallecido meses antes.

Claro que la Maestra aceptó con mucha alegría y, ¿Saben lo que hizo?... El día de la boda se puso aquel brazalete falto de "brillantes" y perfumó su cuerpo con la remota fragancia que la mamá de José usara en vida... Durante la ceremonia, el Dr. José, después de abrazarla le dijo prudentemente al oído: "Maestra Mary, gracias por haber creído en mí. "Gracias por haberme hecho sentir que yo era importante y que podía salir adelante con éxito"... La Maestra, con lágrimas en los ojos, le respondió: "Hijo, estás equivocado. Fuiste tú quien me enseñó que yo podía ser alguien especial –diferente- con tan solo solidarizarme con mis alumnos. ¡Yo no sabía enseñar hasta que te conocí a ti!".

Extraer lo mejor de esta narración y de la manera impecable de cómo se fue presentando la participación proactiva de los personajes, es lo menos por decir. La solidaridad, la tolerancia y el hecho de creer en los demás, son siempre señales tutelares que marcan los caminos del éxito. Espero sepamos conservar el valor formativo de esta historia.

X
LOS ANHELOS DE MI PUEBLO

Al principio de esta obra comenté que en nuestros días la competencia por sobresalir y subsistir es feroz; que se nos ha obligado a ser más competitivos y más egoístas con nuestro desarrollo y nuestros bienes; que los grandes corporativos y los gobiernos nos han orillado a construir una sociedad individualista... Referí también, que hemos dejado de pensar en equipo y que el valor de la solidaridad ha pasado a ser parte del recuerdo pues hemos perdido hasta nuestra identidad histórico-social, es decir, que hemos llegado al extremo de desdeñar que el fuego, el alimento y la palabra, son patrimonio de la humanidad y productos del trabajo comunitario de nuestros antepasados.

Inicié además señalando, que probablemente estemos frente a la última oportunidad de construir un futuro promisorio; que ante la recurrente crisis sistémica generada por la descomposición del régimen, los factores subjetivos como nuestra idiosincrasia, el individualismo, nuestra paciente actitud frente a los gobiernos y la ausencia de organización colectiva, contribuían insensiblemente al desastre en curso...

Pues bien, el régimen de desastre que padecemos, es el causante del desempleo, la inseguridad, la falta de valores ciudadanos, la pobreza, la educación deficiente, la injusticia, del irracional uso de los recursos naturales, etc., causante, en una palabra, de la destrucción del país. Por eso, debemos ser severos al señalar que los gobiernos que administran esta etapa neoliberal del capitalismo, han sido incapaces de ofrecer alternativas de solución a los problemas básicos de la gente y de generar condiciones para vivir con dignidad humana (igualdad, alimento, salud, empleo, educación, seguridad, legalidad, vivienda, libertad...etc.). Los que están al frente de la administración pública, se han consagrado en cumplir y hacer cumplir las órdenes de los poderes fácticos, en posicionar su imagen, privilegiar a sus cercanos y enriquecerse, asegurando impunemente su futuro económico y el de sus familias. La clase gobernante se ha encargado de humillar al pueblo y, por supuesto, es la responsable directa de que tanto individuos como colectivos, pierdan la fe y la confianza en todo y en todos.

Cito un ejemplo de esto último: El autor de este libro, intentando años antes ser representante popular (diputado) por el municipio de Fresnillo, Zac., en una visita de campaña a una alejada comunidad de 300 habitantes, me encontré con un grupo de jóvenes (entonces era yo más joven y la verdad siempre he tenido afinidad y compromiso con este sector) y me detuve a saludarles. Me presenté y les dije que estaba yo buscando alcanzar un cargo de representación popular en el Congreso del Estado y que me gustaría contar con el apoyo de ese grupo (había ahí alrededor de 12 jóvenes de entre 20 y 25 años). Uno de ellos me respondió de inmediato "y que nos va a dar"...; otro, se levantó y entre dientes dijo "Ahí, puras mentiras, ya no creemos"...

El asunto es que, en plena flor de la vida y con todo el potencial que significa la juventud, ninguno de ellos se atrevió a preguntar sobre mis propuestas ni por mis ideas partidarias para el estado y municipios... En resumidas cuentas, ninguno se interesó por escuchar de viva voz mis planteamientos, mostrando completa indiferencia a la institución donde se toman decisiones determinantes para la vida de la entidad de la que ellos forman parte.

Me pregunté entonces, ¿Qué debemos hacer para que los jóvenes puedan recobrar la fe que pisotearon los gobernantes y para que no dejen que otros intereses determinen su destino, rescaten los sueños perdidos y vean que antes de echarse al olvido, tienen toda una vida por delante?

Con esa y otras tantas experiencias, he podido constatar que las carencias que tiene la gente (sin que esto llegue a generalizarse), están por encima de su fe; que la ignorancia aniquila cualquier posibilidad de debate y que las dádivas pasan por encima de la voluntad. La política en México se ha mercantilizado a tal al grado que cualquier maleante con dinero puede ahora gobernar un pueblo y mancillarlo.

Hace años, veía la firme posibilidad de que al fin un hombre con sentido común, firmes ideas y sueños de cambio, llegara a gobernar nuestro país, abriéndose una alternativa de nación distinta, igualitaria, justa. Millones imaginamos –tras una marcha de gigantes-- que el pueblo al fin podría participar de la riqueza del país que hoy en día ostenta una treintena de empresarios y políticos mexicanos, sí, treinta ladrones que de común acuerdo con los poderes formales, se encargaron de impedir que el sueño de los muchos cristalizara. Pero bueno, a pesar de todo, con aquel hombre compartí entonces la idea de que la única salida que existe para derrotar a la oligarquía apátrida estaba en el terreno pacífico de la lucha político-electoral…

A la vuelta de los años, miles de compatriotas continúan tras el sueño interrumpido. Existe ahora en el colectivo popular, mayor claridad en lo que tendrá que hacerse para llevar a cabo la transformación que el país sigue necesitando: "Enfrentar y tomar el poder de la nación; terminar con los privilegios de grupos fácticos empresariales; poner en marcha la estrategia de austeridad que termine con la corrupción administrativa y reduzca los salarios de la alta burocracia; reactivar la economía; terminar con los privilegios fiscales; impulsar el sector obrero, agrícola y minero; democratizar la justicia; renacionalizar las propiedades de la Nación y evitar la pérdida de la soberanía frente al invasor extranjero…." Palabras más, palabras menos… estos mensajes surgidos al fragor de la más reciente batalla popular en México, han quedado gravados por siempre en mi memoria…

CORRESPONSABILIDAD

Considero al Gobierno como el principal causante de la situación actual en México puesto que tiene en sus manos el poder de la República y el presupuesto de la Nación. Sin embargo y como lo esbozamos en la parte inicial de este trabajo, pareciera no ser "el único responsable". Con esto estoy queriendo decir que nuestro pueblo tiene la posibilidad y el derecho de construir o reconstruir su país, su destino; de "oponer al pesimismo de la realidad mexicana el optimismo de su voluntad" y de que entonces, en última instancia, depende de nosotros que esta situación cambie o continúe; depende también de cómo estemos organizados para lograrlo. No hay que olvidar que la directriz ideológica neoliberal, la forma en que hemos estado organizados bajo su régimen, el despotismo sobre el prójimo, la subcultura del individualismo y, definitivamente, la desorganización y el aislamiento social, nos llevan a pensar permanentemente en primera persona y en que esta realidad es imposible de cambiar...

Para llegar al fondo del asunto y al mismo lograr desentrañar cuáles son "los anhelos de mi pueblo", debemos responder a las siguientes preguntas obligadas: ¿Qué hacer para cambiar el casete mental neoliberal de millones de ciudadanos por un "chip cerebral" libertario?,,,¿Cómo podemos lograr crear conciencia entre la ciudadanía e inculcar en ella el sentido de la corresponsabilidad en esta tarea?,,,¿Hasta dónde está dispuesto nuestro pueblo a caminar?

Creo que lo primero será tener claro el objetivo empezando con nosotros mismos; luego con nuestros más cercanos, como en una especie de red o de cadena social que nos permita actuar en grupo y, al mismo tiempo, hacer lo que a cada quien le corresponda. Pudiera ser que empecemos con nuestros hijos, esposa, después con nuestros padres y hermanos, hasta quizá llegar a persuadir a nuestra familia entera y a nuestro vecindario. Crecer entre el pueblo, en el Estado... Hasta formar parte, por qué no, de una organización con presencia nacional. En esto nunca se parte de cero. Siempre habrá compañeras y compañeros dispuestos a organizarse y luchar.

Precisamente hoy que intento hablar nuevamente de esto con mis compañeros de trabajo y algunos líderes de opinión, les comento: "Debemos volver a creer, a confiar en que sí podemos; que tenemos las mismas capacidades físicas y quizá mayores talentos que cualquier otro ciudadano en el mundo pero, que sobre todo, que estamos obligados por la necesidad". Les digo que debemos ser solidarios, perseverantes, organizados, respetuosos, tolerantes, disciplinados y unidos para actuar en equipo en pos de mejores condiciones de vida.

He tenido la oportunidad de hablar con uno o varios grupos sobre esto y lo más complejo ha sido, inicialmente, ponernos de acuerdo en el fin común para después convencerles de que con voluntad y determinación se pueden hacer las cosas...

En resumen, estoy convencido que el principal anhelo de mi pueblo es el buscar la felicidad y ser libre. Esto, da pie a nuevas explicaciones propias de cada concepto, pero por ahora, prefiero no tocarlas a fondo. En lo personal, comento que los momentos más felices de mi vida están enmarcados por la compañía de un ser querido o por un lugar reconfortante con tintes de plenitud, llámese profesional, espiritual o personal. Otras veces –para mi sorpresa-- también encontré estos momentos felices en "los campos de batalla", cumpliendo con mí deber ciudadano.

Proveniente de deber cumplido, la felicidad podrá llegar de esta manera hasta nuestro pueblo y a la nueva generación de jóvenes transformadores. Muy pronto, espero, el sueño de la felicidad, tocará tierra y Dios por su parte, nos dará la oportunidad de ver a México como el país que anhelamos. Yo ya empecé con mi entorno, conmigo mismo y día a día. Honestamente, no creo que exista otro camino. Espero que lo expuesto hasta ahora, les lleve a tomar la feliz determinación de luchar por hacer realidad sus sueños.

NUESTROS RETOS

Lo anterior pudiera entenderse como parte de un discurso motivacional que emerge de una situación conflictiva para luego encaminarse por los eficaces escenarios del éxito. Puede ser, pero lo que especialmente pretendo, es ubicar nuestra propuesta en un contexto real de posibilidades. ¿Cuáles son esas posibilidades?

Para alcanzar nuestros planes, es necesario establecer claramente las metas del proyecto y hacer un diagrama que nos permita tener claros los efectos secundarios y retos por vencer. Es lo aconseja el maestro japonés Ishikawa:

1. Miedos. Primeramente debemos reconocer que los miedos son inherentes al ser humano pero, que sin embargo, a medida que los dominemos y los canalicemos a actividades productivas, avanzaremos en la búsqueda de nuestros sueños. ¿Cuántas veces se ha dejado de hacer algo por temor a la equivocación o por miedo al fracaso? Por supuesto, el miedo es un síntoma que con mayor rapidez se contagia y que cuando se reúne con la incertidumbre de lo desconocido (fobia) provoca parálisis. Por eso, es importante estar conscientes de esta circunstancia y trabajar profundamente en su control; tener en cuenta que, dependiendo de su manejo, un mismo miedo nos puede frenar definitivamente, o bien nos puede catapultarnos a las alturas.

2. Crítica. Va de la mano del miedo y con frecuencia la utilizamos para cuestionar al que emprende. El que arriesga siempre está sujeto a eso y debe de aprender a convivir con ello, a registrar el nervio de su presencia, saber que es parte de la libertad y maestra en el camino de la verdad. Hay quienes capitalizan la crítica como promoción gratuita de sus proyectos. La crítica puede corregir caminos.

3. Costumbres. Caray, que complicado es romper paradigmas y costumbres arraigadas en las personas empezando por uno mismo. Pero si algo va a influir para lograr cambios, va a ser la capacidad y el valor que tengamos para vencer lo que hemos venido haciendo, quizás mal y por años. Cuando logramos darnos cuenta -por sí solos o con ayuda de terceros- que no hemos conseguido alcanzar nuestros sueños por una mala costumbre heredada, aprendida o adquirida y luego entonces trabajamos para desarraigarla, los resultados de los sueños estarán más a la vista.

4. Traiciones. La historia de la humanidad y la de muchos proyectos e iniciativas, está repleta de traiciones, de la condición humana que suele dar la puñalada por la espalda tratando de detener el cauce normal de los acontecimientos. Para los traidores nuestro desprecio absoluto. Deberemos seleccionar cuidadosamente cuál será nuestro círculo íntimo de relaciones y averiguar sus antecedentes; ser celosos con el manejo de la información

y delegar el poder en varias personas; ser claros con la comunicación y nuclear continuamente al equipo. Nadie estará en lo absoluto exento de traiciones, pero cuando solo es uno el que rema en contra, de todas maneras se puede llegar a feliz puerto.

5. Recursos. Todo sueño debe ser acompañado de lo necesario (recursos humanos, financieros y materiales) para concretarse. Mucha gente con la que he trabajado en los porqués de su frustración, comenta el problema de la carencia de recursos para emprender su sueño. Ante situaciones así, resulta adecuado involucrar a un apostador de sueños. Siempre hay alguien que puede creer en nosotros e invertir para que se cristalice nuestro proyecto y la nueva circunstancia, nos llevará a compartir decisiones, información y los créditos de nuestras acciones y logros con el nuevo involucrado. Debemos saber vender nuestros sueños y sabernos acompañar de apostadores.

6. Ignorancia. Cuando queremos iniciar un proyecto desconociendo del todo sus componentes, suelen cometerse muchos errores y algunos de ellos fatales. Por eso debemos capacitarnos, empaparnos de información pertinente y compartir hasta los pormenores del proyecto. No cabe duda que aquel que tiene la información tiene el poder y aquí aplica perfectamente la recomendación de que emprender un sueño no significa una aventura a la ligera, ni lanzarse al vacío sin paracaídas... Por eso es apremiante invertir parte de nuestros recursos en la planeación, capacitación e información previas.

7. Comunicación. Pudieran darse mil ejemplos de relaciones que han sucumbido por no establecer un canal de comunicación adecuado. Los errores se pueden evitar al consultar, confirmar o preguntar qué, quién, cuándo, cómo, dónde, con qué, porqué, etc. La moraleja es: Nunca bases tus acciones por sencillas que parezcan en suposiciones. Las decisiones colectivas son más efectivas que las que tomamos solos, de prisa, o tontamente.

8. Desorden. El éxito no se logra sólo con cualidades especiales, es, sobre todo, trabajo y constancia, método y organización. ¿Qué pasa cuando no encontramos algo, cuando se nos olvida tal o cual compromiso o cuando toda nuestra agenda está revuelta? Ahí donde el domicilio exacto de la reunión pareciera no existir, hace falta el orden. La desorganización es un obstáculo

tan grande que está relacionada directa y proporcionalmente al fracaso. Por eso es de vital importancia establecer "un sistema de organización en la organización" con los principios fundamentales de disciplina y puntualidad.

9. Agotamiento. Muchas veces vemos tan lejos nuestro sueño, que preferimos descansar y/o claudicar antes de seguir luchando por conseguirlo. ¿Qué tan lejos estamos del punto anhelado? No se sabe generalmente, pero lo que sí, es que la única manera de llegar a él es con tenacidad y perseverancia. Sé que es común decir "no será fácil llegar ahí" pero, justo en el momento en que nos sintamos desfallecer, ayudará mucho imaginar y creer en lo confortante que será en nuestra vida arribar a ese momento de gloria soñado, de tal forma, que este recurso mental emergente surgido de nosotros, nos estimule a seguir y no desfallecer. Quisiera recordar que siempre existe una razón extra para continuar y mil y una maneras de llegar a la meta.

10. Fracaso. La palabra fracaso tiene varias connotaciones. Una de ellas es cuando se malogra un proyecto y luego se genera frustración y se detiene el sueño. La otra cara de la adversidad, es la que fortalece, afina la razón, re encauza el pensamiento, corrige el camino…

El reto entonces es lograr "rebotar" ante la posibilidad del fracaso y levantarse después de la caída. Todos los personajes exitosos, absolutamente todos, conocen en carne propia "los contenidos del fracaso".

Pudiéramos continuar puntualizando los distintos desafíos que se presentarán en cualquier parte del camino, más, sin embargo, quisiera concluir con esta parte resaltando la habilidad cotidiana con la que deberá contar todo nuevo soñador para enfrentarlos y para acertar mejor en sus decisiones. Es de humanos equivocarse, lo que no se vale es quedarse a medio camino por una equivocación…

MOVIMIENTO DE CONCIENCIAS.

Cuando en el horizonte de nuestra vidas existe una causa y se logra convencer a los demás de que vale la pena seguirla para lograr mejores estadios de vida, cuando clarificamos el objetivo y contagiamos a otros de la idea de escribir en su nombre parte de la historia y no solamente ser arrastrados por ella, estamos logrando una participación pro activa.

¿En cuántas ocasiones nos han dicho "sí", pero sin compromiso alguno?... ¿Qué se siente cuando lo dejan a uno "plantado" en una cita, o cuando aquel que quedó en devolver lo prestado o entregar puntualmente un trabajo en tal o cual fecha no lo hace? Estas son interrogantes que se abren cuando el sentido de responsabilidad deja mucho que desear. Mirémonos en ese espejo. Y es que en la actualidad la irresponsabilidad y la desconfianza se han generalizado y, lo que es todavía peor, es que la perspectiva de muchos está limitada al "Yo", al "mi mismo", sin imaginar siquiera que "ese niño no podrá jamás con la tarea futura".

En contraparte, donde hemos encontrado responsabilidad, trabajo de equipo, solidaridad y determinación, son siempre mejores los resultados. "El hacer las cosas en equipo y de manera decidida", es lo más efectivo para el resultado y las satisfacciones de grupo.

Pero, ¿Cómo le vamos a hacer para que mi vecino --si le saludamos entre dientes porque deja continuamente su auto frente a nuestra cochera, si habla mal y a nuestras espaladas de nosotros; si su perro ladra toda la noche molestando al vecindario, etc.-- pueda llegar a cambiar esa actitud y creer en nuestro sueño? La única manera es --de nuevo-- ¡A través de nosotros mismos! Pero, ¿Cómo? ¡Si es un desgraciado! Recordemos que dar el ejemplo no es la principal manera de influyen los demás, ¡Es la única!

Se cuenta que había una vez un niño que "acostumbraba" diariamente comer frijoles y sopa y en ocasiones, tortilla con chile. La extrema pobreza en la que vivía junto a sus padres, abuelos y cinco hermanos, no dejaba otra alternativa... Bueno, ellos argumentaban que esa era "su costumbre" y que "no había de otra en el rancho". El menor combinaba sus alimentos con una gaseosa mientras su padre lo hacía con una cerveza helada. Además de vérsele a distancia una severa desnutrición, ésta generaba en el niño mal rendimiento en la escuela y lo mismo en sus actividades ordinarias; le encantaba el fut-bol pero no podía desempeñarse bien en la cancha…

Un buen día, un vecinito le invitó a comer a su casa por algún festejo en particular. La verdad es que aquel niño pobre no sabía en realidad lo que significaba "una fiesta" por el hecho de no haber sido invitado antes a ninguna. Cuando llegó a casa del vecino, observó que la vivienda también era humilde además de limpia; se sintió en un ambiente hogareño y, aunque pobre, distinto al suyo. Ese día "su alma de niño" registró otra posibilidad de vida, otras formas de existencia mejores que las suyas y sintió placer de estar ahí frente a una mesa donde, ni más ni menos, en el centro, lo esperaba un pollo frito con papas y una garrafa llena de agua de limón con hielos. Llamó además su atención, un regalo envuelto con un moño rojo en forma de pelota.

Aquella tarde, el niño invitado sintió envidia de no ser él el anfitrión de aquel evento especial y sí su compañerito, quien disfrutaba con toda naturalidad del festejo. El invitado, en ese momento y pese a su corta edad y sus limitaciones sociales y económicas, comprendió que cruzando el límite de su casa había alguien que vivía mejor que él y descubrió, en ese momento, que tenía ya otra posibilidad de algún día poder disfrutar de un evento para él.

La historia es real y mentiría si concluyera –desnaturalizándola-- con "un final feliz". No hubo eso de que "sus vecinos lo rescataron de la pobreza y lo integraron a un nuevo círculo familiar…". No, no fue así. Desgraciadamente ese niño estaba destinado a repetir la historia de vida de su padre, a trabajar de 8 a 8 con un ingreso de miseria sin perspectivas de superación. Más luego mitigaría sus penas en la cerveza y, a los 16, quizá 17 años, pensaría en juntarse con aquella muchacha de igual condición, tener el mismo número de hijos y un mismo destino… Historias de vida como ésta se repiten por doquier en mi país.

¿Pero, hasta dónde se quiso llegar en esta narración cuando supusimos aquella posibilidad que emergió de una fiesta infantil? Pues, a centrarnos en la eventualidad de cambio que cada individuo tiene a su alcance; a buscar una mejor manera de vivir que signifique ascender, aun así sea un pequeño escalón en la vida. Implica además que hay que romper un sinnúmero de paradigmas y contar con una firme determinación de cambio más allá de las condiciones concretas de vida por desfavorables que estas sean, o mejor dicho, precisamente por eso. Todo, proponerse todo, aún en el marco de una lamentable ausencia de motivación grupal y bajo un régimen de gobierno que jamás se ocupará de los de abajo…

Una manera de despertar la conciencia social de la gente es a través de acciones frente a una autoridad que debiera resolver los problemas de la ciudadanía; entender que en la forma de gobierno está la causa o la solución de ellos; que se necesita un régimen que no nos vea como sujetos dignos de su bondad; que administre a los gobernados como ciudadanos libres, dignos y respetables; que sea un gobierno amigo impulsor de sueños y no un simple administrador de programas de asistencia pública para purificar sus culpas; que atienda las expectativas de sus representados; que comparta con el pueblo el pan y no las migajas del presupuesto; que cohesione y no divida a quien se supone representa.. En una palabra, conciencia social de que necesitamos un gobierno de los que aún no tenemos…

Toda vez precisada la imagen de lo que pretendemos, habrá que entrar en acción para alcanzar lo deseado. Ese "pequeño desplazamiento de la idea a la acción", es el indicador más claro de que la conciencia ha dado un salto importante; que la actividad consciente (praxis) ha entrado en escena.

Cada quien, como impulsor de sueños, debe comprometerse con otra persona -como en esa famosa cadena de favores ya comentada- a por lo menos concientizarle de que en sus manos está su destino; de motivarle a cambiar su manera de ver las cosas, de ampliar el espectro óptico; de creer y confiar en sus posibilidades; de sacudir el primer nivel de su conciencia, cambiar de estrella y convencerle que "su suerte no depende de quién baraja las cartas", sino que esta se encuentra a merced de sus propios actos…

¿Qué cuáles son los anhelos de mi pueblo? Nací y crecí en Zacatecas, bajo la sombra de un "fresno joven". Estuve ahí, puntualmente, para intentar detener su historia de saqueo y de inmoralidad. Desde entonces, sus anhelos son mis anhelos y ahora son parte de mis sueños. Ahí seguiré, tras el ejemplo del General Villa, en La Toma de Zacatecas, en búsqueda de nuestro propio destino...

XI

MEDIANDO LA COMPLEJIDAD JUVENIL

Tanto el tema de la diversidad como el de los grupos minoritarios, nos obligan a hacer una revisión comprometida del caleidoscopio social de la juventud. Hoy en día existen en nuestra cultura tantos subgrupos o subculturas de jóvenes como piezas en un rompecabezas a los que no podemos, ni debemos, tratar de la misma manera. ¿Cómo intervenir en la vida de un joven rural o en la de un homosexual, de un deportista, de alguien con problemas de adicciones, de un estudiante, de una madre soltera, un recién ingresado al mercado laboral...etc.? Hay tantas combinaciones de personalidades, sectores, actividades o condiciones, que complican demasiado la intervención y mediación pero que, sin embargo, nos hemos puesto en camino para ir armando precisamente ese rompecabezas y para comprender mejor esa diversidad.

Es necesario primero que nada, tener claro lo que significa ser joven hoy en día. ¿A quiénes se señala como jóvenes?,,,¿Sólo a quienes tienen determinada edad?,,,¿Ser joven es algo más que eso? Para responder, retomo aquí reflexiones de Jorge Baeza Correa --destacado sociólogo chileno-- y de algunos otros autores peruanos como Marco Bazán, Rafael Egusquiza o Sandro Macassi Lavander. Todos ellos nos proveen de aproximaciones teóricas sobre los modelos sociales de juventud que se han venido construyendo. Por nuestra parte, destacaremos algunos aspectos positivos desde nuestra experiencia y nuestro muy modesto punto de vista sobre el particular.

LA EDAD COMO CRITERIO NO ES SUFICIENTE

La Organización de las Naciones Unidas (ONU) en 1983 y desde un enfoque muy general y somero, definió a los jóvenes como todas aquellas personas que tienen entre 15 y 24 años; más tarde esta definición fue acuñada y aceptada universalmente. También se indicó que la juventud termina con la inserción al mundo del adulto, sea ésta en el momento que se adquiere un trabajo estable o cuando se constituye una familia (Concepción que no es del todo cierta ya que hay muchos jóvenes que tienen trabajo y/o familia y no por eso dejan de ser jóvenes).

Esta clasificación que permite hacer comparaciones solo a nivel de la edad, omite las condiciones del contexto social, del espacio temporal en el que se desarrollan las y los jóvenes, olvida además al grupo socioeconómico del que forman parte, etc. En una palabra, que desde ese enfoque el joven es más bien concebido solo como "un cierto número de años".

Analicemos. En el campo rural de México, por ejemplo, esa categoría de juventud no se ajusta a la realidad porque aquí el niño es incorporado a las actividades agrícolas a muy temprana edad y por lo tanto asume un trabajo y "un rol de adulto" dentro de la sociedad. Es más, el Instituto Nacional de la Juventud, ha considerado --al menos "legalmente"-- que se consideran jóvenes a aquellas personas que están entre 15 y 29 años y ya no hasta los 24. En ese sentido, esta consideración última reconoce por sí sola y comparativamente con el modelo anterior, que la edad es un criterio limitado para concluir quién es joven y hasta dónde, aún en el encuadre numérico de los años vividos.

Por otro lado, son muchos los que, realizando labores de mediación con jóvenes, tienden a utilizar en sus expresiones eso de "los mayores" o "los menores", considerando al sector juvenil como personas limitadas para la ejecución de tareas, haciendo referencias estadísticas y olvidando toda una gama de aspectos cualitativos.

Por nuestra parte pensamos que, un nuevo análisis para definir la Juventud tendrá que poner énfasis en la construcción de una identidad propia en esta bella etapa de formación afectiva, sexual, social, intelectual y físico-motora, es decir, orientar nuestra perspectiva desde un encuadre **biopsicosocial.** Contrariamente, existen quienes prefieren seguir llamando a este periodo de vida "Moratoria Social", es decir, que el joven es considerado aquí como una persona en preparación, "en espera de asumir los roles del adulto".

El hombre preparado para enfrentar al mundo es el adulto –es lo que dicen–y, por lo tanto, la juventud tiene que seguir esperando. Esto resulta por demás igualmente erróneo y hasta de mal gusto histórico. Debemos tener presente que una de las principales fuerzas motrices de la iniciativa para la construcción democrática del país, ha sido indiscutiblemente la juventud. Es ella quien más decididamente toma las calles para reclamar derechos democráticos como los de la educación, el respeto al voto y la libertad. Es ella quien más denuncia los actos de corrupción de los funcionarios y la que manifiesta su repudio a los gobiernos por las actuales condiciones de vida. Aun así, los hay quienes sostienen que este sector se ha "invisibilizado" porque "no ha tenido una propuesta sustentable de largo alcance…"

Esta visión última y conservadora, mantiene su limitante al no considerar la realidad concreta en el que se desarrollan los individuos. Da por hecho ciertos "ritos teórico-sociales" donde se establece que el joven debe estudiar, divertirse y prepararse mejor para su futuro en un esquema superficial previamente trazado. Resulta que, paradójicamente, son los mismos jóvenes quienes por cuenta propia ingresan al trabajo o conforman una familia a temprana edad, con lo que frustran la expectativa de los mayores y echan abajo el esquema conservador. No obstante, esto implicará más tarde que --"por romper el camino establecido y por haber transgredido los ritos sociales que los llevarían al paraíso del adulto"-- los jóvenes serán cuestionados inmisericordemente sin siquiera averiguar las causas de su ruptura con lo establecido.

Jorge Baeza incorpora a la cuestión el elemento afectivo: "… muchos jóvenes buscan, más que el aprender a querer, el ser queridos"… Efectivamente, quienes realizamos intervención en los grupos juveniles, podemos constatar las grandes carencias afectivas que se manifiestan a diario. Las llamadas "secuelas de la violencia política y demás heridas no curadas", serán siempre talantes de los jóvenes y víctimas principales con todas las consecuencias: Falta de autoestima, desestructuración interna, desconfianza, violencia, etc. Sobre estos puntos tendrá que profundizarse con más y nuevas investigaciones.

En las sociedades presentes, el llamado **adultocentrismo** florece como una visión que plantea que solo los adultos son las personas idóneas y mejor preparadas para dirigir la sociedad con todo y su actual modelo de desarrollo. "Son los adultos quienes por su experiencia, madurez y su clara visión del mundo, los que deben estar al frente del timón..." Evidentemente que esta posición solo es sostenida por adultos conservadores y también por aquellos que, con más "ego" que la propia juventud, niegan lo que fueron algún día.

Pero "la cultura de los mayores" ha entrado en severa crisis de credibilidad. Basta con ver los malos ejemplos de autoritarismo y corrupción de ese mundo adulto: El "enriquecimiento inexplicable" de políticos con los dineros del pueblo; fraudes electorales; la desaparición forzosa de personas por órdenes del poder público; el desastre ecológico; las guerras fratricidas; la carrera armamentista... etc. En una palabra, no queda en "ese mundo", una sola gota de autoridad moral como para pretender perpetuarlo.

Marco Bazán Novoa, desde su monografía y su particular perspectiva, contribuye al debate. Afirma que hay cuatro cosas que son las que nos dan madurez y que no están supeditadas al Adulto:

1.- **La Familia:** Al formar una familia, uno adquiere ciertas responsabilidades que dan madurez al individuo para sacar adelante a los hijos y todo lo que implica el amparo de esa institución.
2.- **El Trabajo:** Cuando la persona trabaja desarrolla una serie de capacidades así como la posibilidad de desarrollarse económicamente, hecho que le da madurez y capacidad para asumir y satisfacer sus propias necesidades y por sí mismo.
3.- **La Participación Política:** Significa que el individuo participa en alguna organización social y, a través de esta participación frente a las políticas establecidas, empieza a asumir roles propios a tono o no con lo instaurado, lo que le dará la madurez suficiente para poder asumir un punto de vista propio, identificar al grupo

social a que pertenece y actuar en consecuencia en defensa de sus intereses.

4.- **Ideas Creíbles:** La capacidad de pensar por sí mismo, de tener un pensamiento original y el estar convencido de que las ideas tienen un valor frente a la realidad --en cuanto a que son su "reflejo" y, al mismo tiempo, un instrumento para transformarla (esto lo agregamos nosotros)-- eso es una condición para la madurez.

Pensar que ser adulto es sinónimo de madurez, es relativo. Además de lo ya señalado, habría que sumar a los mayores una serie de actitudes infantiles --como la envidia, el egoísmo, la inseguridad personal...etc.— que los psicólogos independientes explican mejor cuando reportan, basados en sus trabajos, los bajos niveles de desarrollo de la conciencia social y la subjetividad con la que muchos de ellos se manejan.

Lo que por nuestra parte compartimos con otros esquemas conceptuales, es que evidentemente, existen "jóvenes adultos" dentro de un marco general y que son todos aquellos que pronto adquieren lucidez conceptual y claridad política frente a los problemas centrales de su época, tal como hemos hecho ya referencia. Por otra parte, siempre es agradable encontrar adultos que conservan la fuerza y la frescura de la juventud, al mantener con vida la actitud de seguir soñando.

Más allá del debate, los jóvenes seguirán en su desarrollo siendo gobernados por esa ley de la dialéctica en la que el joven niega el niño de los primeros años y donde el adulto que lo espera, está negando al mismo tiempo a su joven antecesor y a su futuro ascendiente: Más allá del muro de la edad, los jóvenes siguen demostrando, una y otra vez, que pueden tener o no familia, consolidar una profesión o asumir un compromiso social, mucho antes de que "el adulto" los desplace.

LAS CULTURAS JUVENILES: UN ENFOQUE INTEGRAL

Las Culturas juveniles son prácticas sociales resultado de la mezcla de la etapa de la juventud con la modernidad y, por ende, con la tecnología y medios proporcionados por el fenómeno de la globalización. La juventud es clasificada desde este enfoque, como "una cultura aparte de la sociedad", como el modo que caracteriza a los jóvenes en su manera de hablar, divertirse, vestir, etc. En este mismo esquema, la cultura no es homogénea, es decir, no es igual para todos ya que hay subculturas que se diferencian entre sí notablemente. Ejemplo de ello puede verse en los gustos musicales: Los hay rockeros, heavy, clásicos, o los amantes del pop, etc.

Sandro Maccasi, comunicólogo peruano, nos dice: "Hablar de Culturas Juveniles se asocia a modos de pensar, sentir, percibir y actuar que cruzan la vida de un grupo y los distingue de otros...", cita que diferencia aquellos donde solo se toma en cuenta la parte temporal o espacial... Se plantea que se está en condiciones de hablar de un Grupo Social capaz de crearse a sí mismo, de relacionarse con otros grupos, de entrar en contacto con la naturaleza o con Dios, pero que al mismo tiempo, puede construir signos y símbolos y toda una visión del mundo para integrarla al mercado de consumo. Aquí se ubican, evidentemente, quienes creen que la juventud es un concepto que solo puede entendérsele si se le asocia a la formación social cuya base es la industria moderna.

En el encuadre Culturas Juveniles, se ubica también lo que algunos suelen llamar diferencias generacionales. Se dice que los jóvenes de los 80's del siglo pasado, no son los mismos que los jóvenes del 2000 y que incluso, algunos autores van más allá, como Rafael Egusquiza, que afirma que es difícil hablar de generaciones en estos tiempos por la velocidad de los cambios que traen consigo la tecnología y el mundo moderno.

Un joven de 24 años es visto como "viejo" frente a uno de 18... esto, sin entrar a detalle de lo que es ser adolescente y lo que es ser joven, diferencia cada vez más evidente bajo las nuevas conceptualizaciones. Sin embargo, aunque estas categorías no son lo mismo, en nuestro esquema, consideraremos a los adolescentes dentro del grupo de los jóvenes.

La juventud es una categoría que produce toda una serie de significados y visiones en el mundo y las culturas. Se manifiesta en las formas de hablar, de vestir, en la música y en los valores que utilizan. Los jóvenes de este tiempo por ejemplo ya no dialogan --dicen algunos--, ahora chatean. El profesor español Carlos Feixa, de la Universidad de Lleida, acuñó el término **generación** @ para referirse a los jóvenes de este milenio.

Estas visiones de las Culturas Juveniles, aún y cuando son más integradas, mantienen su enfoque desde la perspectiva del consumismo; desde una cultura que produce algo y luego lo consume; desde una sociedad que produce un determinado tipo de juventud, vista desde el mercado, sin posibilidad alguna de avanzar hacia una propuesta de sociedad nueva. De esta manera, Culturas Juveniles es entendida como una forma de vivir en el mundo, pero sin capacidad ni actitud para transformar ese modelo.

PROTAGONISMO JUVENIL, UNA POSIBILIDAD

Partiendo de la idea de que con relación al adulto la juventud, la niñez y la adolescencia son estadios de marginación y subordinación impuestos que actualmente reclaman su protagonismo social, podemos decir que se vuelve necesario y hasta urgente, el **surgimiento de la juventud como movimiento social**, lo cual implica ya un compromiso protagónico de este sector que, organizado, debe salir más allá de su pequeño círculo de relaciones y ubicarse frente a un contexto social más amplio.

He ahí nuestra adhesión a esta propuesta y, particularmente, a la necesidad de los grupos juveniles por salir de su micro entorno. Tanto la Iglesia -que sigue dando espacios a los Jóvenes (ha elaborado documentos al respecto)-, la Sociedad Civil Laica -que medianamente se agrupa en el deporte, clubes y asociaciones civiles- así como las propuestas más recientes del movimiento #Yo soy 132, hacen esfuerzos importantes de actuación pública asumiendo un rol protagónico y con clara expresión cívica o democrática. Esto se puede constatar en las acciones públicas de los jóvenes, en los grupos de estudio y en la actividad ordinaria de los barrios.

Jóvenes de barrio, nos han compartido algunas de sus formulaciones y lo que significa en los hechos su protagonismo como acción cultural y política. Aquí citamos de ellos lo que piensan:

- Protagonismo, es participar en política y consiste como meta el alcanzar el poder; para utilizar ese poder en beneficio común y en particular de los excluidos y marginados de la sociedad.
- Somos la voz desde el otro; distinto, diferente, desigual.
- Los jóvenes formamos un sector en condición de subordinación social; los Jóvenes del sector popular somos un sector en condición de marginación social; los Jóvenes en extrema pobreza representamos un sector en condición de exclusión social.
- El protagonismo popular de los jóvenes consiste en su participación directa en los asuntos políticos que les conciernen; en auto representarse en los espacios de decisión sin intermediarios y en la necesidad de ser jóvenes desarrollados.
- No hay protagonismo real sin organización sectorial, propia, diferenciada por la afirmación de la identidad, diversa a lo que se presume uniforme...

De estos grupos también recogimos la idea de que es necesario un protagonismo juvenil que enfrente la crisis de la cultura adulta, por lo que el reclamo --actuación y proyecto-- de los jóvenes por reconstruir relaciones democráticas, igualitarias, simétricas respetuosas, tolerantes y de aceptación de la diversidad, se va convirtiendo cada día y poco a poco, en paradigma de las organizaciones juveniles actuales.

No sin razón, los jóvenes de este tiempo creen poco o nada de lo que dicen los adultos y cuestionan su falta de coherencia, su hipocresía. Por eso, muchas veces caminan tras una sociedad mejor e inclusiva, tras un nuevo modelo con Protagonismo Social. Del modelo que tengamos de juventud, seamos jóvenes o no, dependerá mucho la necesidad de apostar por ese Protagonismo que contradice frontalmente el paternalismo político, el autoritarismo y la asistencia del adulto. Si no se toman en cuenta estos elementos y si no se rompen los modelos pre-establecidos por la cultura de "los mayores", se seguirá creyendo que los jóvenes son un problema, luego de clasificarlos en el círculo de la ineptitud.

Cada vez estoy más convencido de que la posibilidad de una sociedad mejor, democrática, participativa, incluyente, solidaria, justa y fraterna, está en manos de las y los jóvenes y hasta en las de esos niños que algún día llegarán a serlo. Desde esa perspectiva, el aporte generacional de todos ellos será el fuego que deberemos preservar por siempre para no envejecer del todo; para conservar entre nosotros eso que llaman "la voz del espíritu juvenil" condensado en las siguientes locuciones:

- La posibilidad de construir sueños y utopías.
- La capacidad para cuestionar modelos establecidos que no funcionan
- La posibilidad de proponer nuevas cosas, distintas y bastante analíticas.
- La alegría, el optimismo y la vitalidad en lo que uno hace.
- La posibilidad de "tener mente abierta y tolerante para respetar lo diferente
- Las gran reserva moral y de valores que habita en los jóvenes
- La fuerza, la audacia y la voluntad suficientes, para vivir plenamente y preparar el porvenir para las nuevas generaciones.

Pero frente a estas locuciones innegablemente positivas, encontramos siempre su contraparte, contradicciones frecuentes de la juventud actual: Los altibajos de su acción; su aparente apatía y la respuesta rebelde al mundo de los adultos; los que aceptan el mundo tal cual se les ha heredado y los que buscan revolucionarlo; la indiferencia a la actividad política y la decisión de "tomar el cielo por asalto". Por lo que --**Ser, o no ser, es la cuestión**--.

Siempre es bueno dar cuenta de otras experiencias, de otros enfoques conceptuales para entender los de uno mismo. Por ejemplo, entre estudiosos del tema, se dice que no se puede ni debe hablar de juventud sino más propiamente de "Juventudes", esto porque cada sector juvenil tiene sus propias características que lo hacen diferente y enriquecen su significado.

Sea pues ésta, una oportunidad para leer más del tema e instruirnos; para buscar con jóvenes de todas las edades, las formas de modificar las condiciones sociales en que vivimos. Más temprano que tarde, la historia nos llamará a cuentas para actuar en defensa de la dignidad humana, del medio ambiente y vida en el planeta.

XII

SI NOS RESPETAMOS
¡AVANZAMOS!

SI RESPETAMOS
AVANZAMOS

Una buena parte de mi vida la he dedicado al trabajo con y para jóvenes. Derivado a esto, he aprendido que el principal valor para vivir en armonía y alcanzar en un momento dado el desarrollo colectivo, es sin duda **el respeto.**

Inicio compartiendo una lección intensa que un niño oriental me dio en un viaje a Seúl, Corea, en el que tuve la oportunidad de representar a México en un intercambio diplomático y en donde una de las actividades era, conocer y convivir durante un día y una noche, con una familia ordinaria de aquel país. Por supuesto y de inicio nos pareció una muy buena idea y la echamos a andar:

Pues bien, mientras nos presentaban a "nuestra nueva familia", los demás compañeros empezaron a abordar sus vehículos y partieron a lo que seguramente también sería una aventura distinta en sus vidas. Mi amigo Vladimir (del norte de México) y yo, buscábamos el coche que abríamos de abordar. Cuál fue la sorpresa que "nuestra nueva familia oriental" carecía de transporte propio…. Pues, en camioncito, en metro y caminando por esa imponente metrópoli, logramos llegar a un modesto pero muy ordenado apartamento donde la primera regla era entrar sin zapatos y reverenciar "una piedra" colocada en una especie de altar que para ellos, evidentemente, simbolizaba algo muy especial.

La lección no fue por supuesto que dos diplomáticos viajaran en autobús ni siquiera que tuviéramos que resolver la contrariedad de llegar a una moderna ciudad o el venerar una deidad desconocida representada por aquel pequeño megalito. La enseñanza llegó en el momento en que "nuestra nueva familia" (papá, mamá e hijo de 5 años) compartió durante la cena un delicioso banquete con aquellos dos jóvenes occidentales recién llegados, además de dos abuelos coreanos que más tarde se sumaron al festín. Al momento, se nos asignó lugar (obviamente en el suelo como es costumbre en oriente). Por educación me ofrecí a ayudar a servir los alimentos y aquel gesto mexicano fue visto "con buenos ojos orientales". Cuando quise "iniciar mis servicios" atendiendo al primero que me quedaba más cerca, me incliné para servirle pero Kim Jr. --de tan solo 5 años-- lo rechazó y me indicó con la mano que se lo diera a su abuelo.... ¡!Ups!!

Cuanta turbación sentí frente a ese niño que me enseñó a su manera, el significado cultural de lo que es el respeto; de saber quién merece el honor de ser el primero; de valorar que los viejos merecen ser tratados con gentileza primeramente por su familia... Aún recuerdo esta circunstancia como si fuera hoy...

Durante aquel momento bochornoso, brotaron en mí un raudal de imágenes y significados acerca de lo que el respeto representa. Lo asocié con el claxon de mi vehículo del que ahora entiendo debe ser utilizado solo en casos necesarios; pensé en que mis compañeros de trabajo merecen laborar en un edificio libre de humo y ruidos molestos. Aquella lección oriental me hizo pensar también que si iniciaba por respetar los señalamientos, las normas, las reglas y por su puesto las leyes, era posible transformar mi vida positivamente; pensé además que si dejaba de ocupar el lugar del coche de mi vecino, en ya no usar sin consentimiento la camisa nueva de mi hermano y que si aprendía a respetar el tiempo de los demás al pactar una cita, avanzaría como persona pero siempre y cuando comenzara por respetarme a mí mismo.

¿Cómo hacer esto último? Son muchas las formas, pero entre ellas está el hacer ejercicio y el comer sanamente; dejar de consumir substancias nocivas, levantarse temprano y ver menos televisión; poner más empeño en nuestra higiene y apariencia personal y mantener de pie nuestra dignidad como seres humanos... etc. Por eso les digo a los chavos **"si nos respetamos, avanzamos";** que el asunto es promover ese gran valor de respetarse a uno mismo y de respetar a los demás; dejar de lado la malicia, la intriga o el "agandalle" que han traído tantas desdichas y sinsabores en las relaciones humanas. Que iniciemos por respetar a niños; el espacio del hermano, el tiempo de sus tareas; el lugar reservado para el abuelo, los objetos y pertenencias de otros; las indicaciones de los maestros y mayores, etc. Que invirtamos el tiempo suficiente para fomentar este valor en las nuevas generaciones que necesitan imperiosamente, una causa y una propuesta para activarse, para vivir con rumbo y compromiso.

Hago un enérgico llamado a la generación que pertenezco --empecinada en adquirir un sinnúmero de superficialidades, títulos, bienes y riquezas a costa de lo que sea-- para que se atreva a mirar a través del espejo de lo colectivo; se dé cuenta que junto a cada uno de nosotros, siempre habrá alguien al borde del colapso para poder extenderle la mano; que la sociedad entera se desfigura y que necesitamos averiguar si aún estamos a tiempo para detener el desastre que se avecina... Este llamado y su respuesta, marcará entre los jóvenes lectores, la diferencia entre saber si esta propuesta ayuda a su crecimiento personal y activa su participación social, o simple y sencillamente solo es un texto más de colección.

Debemos de poner en marcha la construcción de una nueva y mejor manera de ver las cosas y de vivir la vida. Si respetamos fielmente nuestros sueños y ajustamos cuantas veces sea necesaria la ruta para conseguirlos, seguramente lo vamos lograr. "El hombre que pretendemos, el hombre del mañana, se diferencia de aquel que deja todo para mañana"... Hagamos una pequeña pausa y pensemos en 10 cosas que se pueden empezar a aplicar conscientemente y con mayor intensidad para alcanzar el respeto:

Moisés, aquel hombre que según la Biblia ha sido el único que ha hablado con Dios cara a cara y al cual se le entregó de mano Diez Mandamientos que enmarcan a profundidad el significado del el respeto, constata lo importante y lo remoto que es este tema:

1- Amarás a Dios sobre todas las cosas	(Respeta tu poder superior)
2- No tomarás el nombre de Dios en vano	(Respeta la palabra)
3- Santificarás el día del Señor	(Respeta los tiempos)
4- Honrarás a tu padre y a tu madre	(Respeta a tus padres)
5- No matarás	(Respeta la vida)
6- No cometerás actos impuros	(Respeta las normas y leyes)

7- No robarás	(Respeta lo ajeno)
8- No mentirás	(Respeta la verdad)
9- No pensamientos ni deseos impuros	(Respeta tu mente y tus ideas)
10-No codiciarás los bienes ajenos	(Respeta condiciones)

Más claro ni el agua, y lo peor de todo es que después de miles de años, me parece que no queremos entender aún que las reglas son muy claras y que no se trata de descubrir el hilo negro ni de crear la panacea a los males de la civilización actual.

El Respeto es una de las bases sobre la cual se sustentan la ética y la moral; donde se finca la ciudadanía en cualquier campo y en cualquier época. Más que explicar qué es el respeto, buscamos saber en dónde se localiza. De entre las creencias milenarias se pueden descubrir admirables pasajes llenos de sabiduría y dignos de ejemplo:

"El respeto más profundo no solo incluye a las personas; se debe guardar también para todo aquello que nos rodea en la naturaleza: las plantas y animales; la pequeña hormiga y la gran ballena; los ríos, lagos y mares... Todo como parte de la creación lo merece y porque somos igualmente parte de ella. En la sociedad, es aceptar y comprender en la escala de lo humano, al humilde y al engreído; al pobre y al rico; al sabio y al ignorante. A cualquier persona por pequeña o grande que sea, física, moral o intelectualmente, se le debe situar en un mismo lugar de comprensión y advertir su forma de ser pues, ese ser humano, merece toda la atención no importando su condición social. Si algún semejante hizo algo mal o está equivocado en su proceder, respétalo y trata de enseñarle el camino correcto, nunca imponiéndoselo. Solo revela el nuevo camino e invita a recorrerlo, pero siempre respeta la decisión final de los demás cualquiera que sea. Cada quien es un alma libre y, al igual que tú, cada persona debe darle libre albedrío a su alma porque el camino de la evolución debe proseguir su propia ruta".

"Mira qué grande es Dios, cualquiera que sea tu apreciación de él. Finalmente, tuya es la libertad de actuar bajo tu propia decisión a sabiendas de todas las consecuencias de tus actos... Es por esto que no es propio del hombre reclamar al cielo el porqué del castigo cuando obra mal..."

"Pero, ¿Qué alma es aquella que no puede respetar a los animales y plantas, los ríos y lagos y al más humilde de los hombres?,,,¿Al pequeño que camina delante, a la mujer con la que comparte su vida y a las personas con las que se relaciona?,,,¿Por qué se mira al hombre con desprecio y se le cree menos por tener capacidades diferentes y al recolector de basura que, por sucio y humilde que sea su trabajo, sin él la vida sería un muladar?,,,¿Al mismo engreído si con su presencia se puede evitar ser como él; al colérico que te ayuda a comprender la importancia de saberse controlar; al feo que solo es parte de la diversidad en la creación; al ignorante que al darse cuenta de su limitación da inicio a la cordura…?"

Después de esto, se entenderá mejor que la clave del respeto está en aceptar y comprender tal y como son los demás; en aceptar y comprender sus formas de pensar aunque no sean iguales a la nuestra y aun así pensemos que estén equivocadas. Porque ¿quién asegura que nosotros somos los portadores de la verdad absoluta? Lo dicho, hay que aprender a respetar y aceptar la forma de ser y de pensar de los demás.

En ocasiones suele dudarse del respeto cuando una persona lástima a otra. Cuando algo así ocurre, lo mejor será mantener la calma hasta donde sea prudente. Si se tiene que actuar de una forma diferente e imperiosa para resolver un asunto complicado, entonces no solo será nuestro deber actuar, sino que será obligado y urgente. Si en verdad en ese caso ya intentamos varios medios y no logramos la armonía buscada, hagamos lo que tengamos que hacer que en nada será reprochable pues, aunque se tiene el derecho y el deber de tratar de convivir en paz, si no hay otra opción, las leyes del cielo y de la tierra sabrán perdonar. ¿Acaso no expulsó duramente Jesús a los mercaderes del templo?

El respeto debiera ser el común denominador en nuestra relaciones con los demás porque es una agradable forma de conducirse por la vida. Es solo que, respetar realmente a los demás, resulta sumamente difícil sobre todo para naciones con gobiernos poderosos y sociedades con fuertes contrastes sociales. Intereses de clase y la forma en que hemos sido educados, despedazan la virtud. Será por tanto necesario entender los tiempos y promover sus cambios;

buscar avanzar siempre a mejores condiciones de vida; volver a creer en la fuerza de lo que podemos hacer; contribuir sin vergüenza a la historia del mundo; pensar en que todo, absolutamente todo, debiera ponerse en marcha sin pisotear dignidades, sueños ni esperanzas. Respetarnos, avanzar hombro a hombro, inculcar el respeto entre nuestros hijos y los hijos de los demás; "Respeto entre las naciones como entre los individuos" decía Juárez.

Algún día no muy lejano, un diplomático sur coreano visitará nuestro país y recibirá --inesperadamente como yo en aquel país asiático-- una generosa lección de vida y respeto por parte un niño mexicano.

XIII
ASÍ SE CONSTRUYÓ LA HISTORIA

Desde los inicios de la humanidad, día a día se generan acciones diversas y múltiples que han venido transformando el entorno social y la naturaleza. No creo mentir cuando digo que en las diferentes épocas han existido personajes o generaciones sobresalientes a los que solemos calificar de "intrépidos, audaces, valientes, locos, soñadores, idealistas, aventureros" y, dentro de lo más reciente, "emprendedores". Esos grupos humanos, que bajo ciertas características --organización, tenacidad, visión, liderazgo, determinación...etc. --lograron aprovechar las circunstancias y los elementos a la mano para resolver dificultades y cambiar o impulsar el rumbo de los acontecimientos, han podido transportarnos hasta acá gracias a todas las faenas que dan cuenta de la esencia evolutiva de nuestra especie. El hombre que recorrió la vida primitiva y salvaje y que transitó por la barbarie medieval, pudo traer hasta nuestros días esto que ahora llamamos civilización.

Los primeros hombres vivían de la caza, la pesca y la recolección de frutos y se cubrían el cuerpo con pieles y hojas. Luego, pueblos más avanzados, plantaron y recogieron cosechas, dando inicio a la especialización en el cultivo para que más tarde apareciera la ganadería con la domesticación de animales. Pero junto a esos avances innegables, se crearon los primeros ejércitos profesionales -en defensa de la propiedad privada recientemente surgida- que traerían calamidades desconocidas hasta entonces como la guerra y la invasión de los pueblos.

La historia de la humanidad continuó tras el uso de los metales, la división del trabajo, el crecimiento de los centros urbanos, la organización de gobiernos y el desarrollo de la escritura. Mencionaré algunos momentos históricos como ejemplo de ese largo recorrido:

Cercano Oriente.- En el sur y el este de Asia, las primeras civilizaciones se formaron en los oasis y en los valles de los grandes ríos, donde el agua y la tierra fértil ofrecieron al hombre condiciones propicias que le permitieron, sumados a su inteligencia, imaginación y trabajo, extender su dominio sobre la naturaleza y alcanzar formas superiores de cultura material y espiritual.

Mesopotamia.- Los sumerios crearon ahí distintas Ciudades-Estados e inventaron la escritura cuneiforme. Hammurabi, un gran gobernante y conquistador, creó hacia 1760 a. c., un código de derecho y confirió al Estado la función de hacer cumplir la justicia.

Los Hititas.- Provenientes de Asia Menor, los hititas extendieron su dominio hacia el sur y hacia 1600 conquistaron Babilonia. Debían sus triunfos a su superioridad militar que descansaba sobre el empleo de las armas de hierro. Ellos marcan precisamente el comienzo de la llamada Edad de Hierro que siguió a la Edad del Bronce.

Los Fenicios.- Fueron prósperos comerciantes y desarrollaron el alfabeto.

Los Asirios.- Crearon un gran imperio basado en un sistema administrativo eficiente y un excelente ejército, pero también el terror despótico y la explotación. Finalmente, todo el Cercano Oriente fue unido políticamente por **los persas** que, bajo la influencia de la religión de Zaratustra, gobernaron con justicia.

El desarrollo espiritual culminó en la religión judía que, basada en las revelaciones de Jehová a Moisés y los profetas, enseñaba la fe en el Dios único omnipotente, que exigía del hombre piadosa adoración y una correcta conducta moral. Al mismo tiempo se desarrolló en el **Valle del Nilo** la civilización de los **egipcios** que, protegidos por barreras naturales, pudieron conservar su particularidad a través de más de tres milenios, siendo--tanto por sus elevados valores culturales como por su continuidad-- uno de los fenómenos más notables de la historia universal.

En América, grandes civilizaciones dieron cuenta con su ingenio del avance del hombre frente a las fuerzas de la naturaleza:

Los Mayas.- Considerada como una de las civilizaciones más avanzadas del México precolombino. Los mayas fueron grandes artistas e intelectuales que dominaron un complejo sistema matemático, además de ser capaces de realizar difíciles cálculos astronómicos.

Los Incas del Perú, desarrollaron un sistema político y administrativo no superado por ningún otro pueblo nativo de América. En el Imperio incaico existía una teocracia basada en la agricultura y en el sistema de Ayllus, o grupos de parentesco, dominada por "el inca", que era adorado como un dios viviente.

Los Aztecas por su parte, impusieron un sistema donde las fuerzas sociales tenían cierta participación; utilizaron una compleja estructura impositiva y de vigilancia; desarrollaron un sistema educativo ejemplar y, según las pruebas históricas, no conocieron la corrupción…

La historia de la humanidad es la historia de cómo, con qué instrumentos y con qué tipo de organización social, se han resuelto las necesidades de cada época. Su trazo se ha cimentado en pueblos que, de manera organizada, han enfrentado los problemas de su tiempo y profundizado en formas y medios para encontrar soluciones. Se ha escrito muchas veces con sangre, pero también se ha preocupado por conocer mejor cada día los trayectos de su propio recorrido.

Hoy en día, la historia de nuestras sociedades –antiguo privilegio de unos cuantos-- está más accesible a los ojos de las nuevas generaciones que, con el internet y los teléfonos celulares, pueden tener prácticamente la historia del mundo "en sus manos". Hace 2000 ó 3000 años, se estaba evidentemente muy lejos de sospechar siquiera que, una imagen pudiera viajar a la velocidad con la que hoy podemos tenerla en la mira… A donde pretendo llegar con este recorrido, es a que --ubicándonos en el espacio y en el tiempo que nos ha tocado vivir-- nos demos cuenta de que ahora nos toca a nosotros hacer historia para entregar a las generaciones venideras un mundo mejor; escribirla a través de nuestros sueños y actos; profundizar en nuestras metas y traducir nuestros anhelos en realidades... En una palabra, poner manos a la obra y participar activamente en y para nuestro entorno. ¿Qué nos impide imaginar que alguno de nuestros jóvenes de hoy sea el futuro presidente de nuestro país, el inventor de la vacuna contra el VIH, el creador tal vez del sistema de tele transportación humana, el futuro premio Novel o el líder que erradique el hambre de su país...? ¡Qué se yo...!

Confirmo nuevamente --que está más que demostrado por los reveladores antecedentes-- la ilimitada variedad de cosas que pueden hacerse con **el poder de los sueños**, los que, al llevarlos a cabo mediante nuestro esquema de participación propuesto, nos permitirán ser parte de los acontecimientos en el mundo y tal vez nos lleven trascender más allá de nuestro siglo. Entonces la pregunta final sería. ¿Qué vas a hacer para cambiar la historia, para ser parte activa de ella? Albert Einstein decía: "Si buscas resultados distintos, no hagas siempre lo mismo".

XIV

GENEREMOS
OPORTUNIDADES

Llagamos quizá al clímax de este trabajo. Estamos por definir prácticamente el cómo vamos a generar esa oportunidad de cambio tan mencionado. Hemos visto que a través de la acción-participación, los valores, la determinación y nuestros sueños -todo junto en un mismo morral de viaje- podemos cambiar nuestra visión y por ende generar el inicio de mejores condiciones de desarrollo personal y colectivo.

¿Cómo llevar al terreno de los hechos todo lo comentado? Muy bien. Colombia pudiera servirnos como un referente ya que a través de un programa social llamado **"Fénix",** este país logró contribuir a la incorporación social de muchos jóvenes con problemas conductuales y en situación de riesgo y conflicto. Apoyados en esta herramienta, nuestros vecinos del sur lograron bajar los índices delictivos al mismo tiempo que de manera inversamente proporcional, los indicadores de desarrollo humano se incrementaban.

En nuestro país, hoy en día con problemas de seguridad similares, este flagelo es mucho más un problema social que de seguridad. Si alguien pudiera hacérselo entender al presidente de la República ayudaría muchísimo a los jóvenes mexicanos que pierden la vida --directa o "colateralmente"-- bajo el fuego cruzado de la delincuencia organizada. Teniendo en cuenta las firmas de Sofía Botero, Diego Ruiz y de otros tantos especialistas encargados del exitoso programa, a continuación expondré un bosquejo general operativo de éste, para analizar las posibilidades de su implementación en nuestro país.

Objetivo general:

Contribuir a la ampliación de las posibilidades de desarrollo integral y de inclusión social de los jóvenes de estratos socioeconómicos bajos que se encuentren en situación de desplazamiento o de alto riesgo, mediante la puesta en marcha de procesos pedagógicos participativos que faciliten el establecimiento de propuestas que generen transformaciones individuales y colectivas y que propicien posibilidades para una mejor convivencia comunitaria.

Objetivos específicos:

a) Contribuir al desarrollo integral del capital humano entre los beneficiarios del proyecto, ofreciéndoles posibilidades de acceso al sistema de educación formal y no formal y a servicios de cultura y recreación.

b) Generar espacios de posibilidad que permitan a los jóvenes desarrollar su proyecto de vida y adquirir compromiso social, por medio de procesos de sensibilización y formación que les permitan mejorar capacidades.

c) Ampliar las oportunidades de acceso de los jóvenes al mundo laboral o de generación de ingresos lícitos, a través de procesos de formación para el trabajo y de competencias para la empleabilidad, la generación de una cultura de emprendimiento y el desarrollo de proyectos productivos y sociales de acuerdo con las exigencias del mercado.

d) Propiciar la generación de capital social entre los beneficiarios del proyecto, formándoles para que puedan estructurar organizaciones a través de las cuales empujen sus propias propuestas.

e) Incidir positivamente en el fortalecimiento institucional y en la sistematización del modelo de inclusión social y de asistencia a la población vulnerable, por medio de procesos de recopilación y estandarización de los componentes del modelo de intervención, preparación de formadores y establecimiento de mecanismos de intercambio y cooperación con **"Fénix"**.

Definición

"Fénix" es una propuesta de formación y promoción integral de jóvenes en situación de riesgo social que conjuga el abordaje de elementos personales, familiares y sociales, con el desarrollo de dimensiones éticas, estéticas, políticas, recreativas, cognitivas, afectivas y laborales. La atención integral a los jóvenes que brinda el programa "Fénix", se ofrece en tres Fases y en varias etapas que describimos a continuación y que varían o se adecúan a las necesidades de cada grupo juvenil:

Fase uno: Acercamiento y sensibilización (Duración 2 meses)

A través de un acercamiento progresivo, respetuoso y no intrusivo, en esta fase se pretende establecer una relación de empatía entre el animador y los participantes para crear un ambiente de confianza que posibilite despertar la motivación de los muchachos para el inicio de nuevos caminos de vida. El propósito de esta fase es contactar, identificar y motivar a los posibles participantes, para que se vinculen al proyecto. Para ello se realizan procesos tales como: mapeo de las zonas a laborar, mapeo institucional, talleres de crecimiento personal e integración grupal, sondeos académicos, establecimiento de líneas de base de los potenciales participantes a nivel familiar y social y de salud médica.

Fase dos: Acompañamiento para la inclusión social. (Duración 8 meses)

Además de la inclusión de los participantes en los sistemas de educación y formación elegidos por ellos, esta fase se caracteriza por el acompañamiento permanente de los animadores, tanto en los procesos institucionales como en la reflexión periódica sobre los aspectos centrales y significativos de sus proyectos de vida. En esta fase se establecen compromisos fundamentales y se reorientan las expectativas vitales. Se brinda a los jóvenes oportunidades de complementar su educación formal, evaluación, capacitación laboral y o artística, deportiva y artesanal, además de asistencia médica, odontológica y de nutrición.

Fase tres: Asesoría para la organización proyección social. (Duración 2 meses).

Durante esta fase, los jóvenes reciben los insumos para elaborar proyectos sociales y productivos, se fortalecen como grupo e inician procesos de construcción del tejido social en sus barrios...

"Fénix" representa un programa de inserción gradual y permanente altamente competitivo que fue diseñado para un sector socialmente vulnerable, sin embargo, estas tres fases se pueden adaptar en cualquier otra área de desarrollo juvenil. Por ejemplo, podemos incidir mediante esta herramienta en alguna escuela cuyos indicadores disten de la media regional y que pudiera servir de referente para la organización y revitalización de los jóvenes estudiantes sin importar el porcentaje de problemas socio-culturales que pudiera tener cada uno (recordemos que la manzana podrida pudre a las demás). Por ello, "Fénix" sirve como vacuna social en un espacio de convivencia continua y fomenta la participación sana de la comunidad reorientando las actividades grupales positivamente.

Si lográsemos impulsar este tipo de programas -acompañado de eventos para rescate de valores y con una agresiva campaña de integración juvenil y de escuela para padres-, elevarlas a nivel de ley en nuestro país o al menos como política gubernamental debidamente presupuestada y evitando su politización o desvirtualización, estaríamos dando un paso de gigantes. Es decir, el impulso de estos programas por parte de las autoridades gubernamentales y/o educativas, tiene que ir más allá de establecer las conocidas cuotas de poder a grupos con identidad política partidista, para crear, en contraparte, ciudadanía responsable, integrada socialmente y líderes capaces de tomar decisiones que beneficien a su colectivo.

Si se consiguiera darles sentido social permanente y continuidad a esta clase de leyes de asistencia social y si lográsemos penetrar directamente a los nodos juveniles donde la mayor parte de los problemas se magnifican y desvirtúan, estaríamos convirtiéndonos en formadores de prácticas productivas con nuevos y mejores hábitos, así como también haríamos una limpieza a fondo al tejido social lo que nos llevaría a la larga a la construcción de una generación involucrada directamente en su propio desarrollo y en el de su nación.

Voy a ejemplificar lo dicho. Hace tiempo contaba con los servicios de un colaborador mío de capacidad y bondad indiscutible y al que normalmente tenía yo la posibilidad de pagarle mensualmente

3,500 pesos por realizar actividades ordinarias como el manejar, llevar cosas y objetos de un lado a otro, limpieza, actividades de propaganda...etc. Era un joven de bajo nivel académico y muy bajo nivel social y cultural al que tuve que enseñarle oficios agrícolas, políticos y comerciales, de tal suerte que le tomé aprecio personal. Le di casa y alimento por temporadas largas y también traté de inculcarle valores morales y espirituales. Quizás todo eso lo llevó a tenerme en alta estima, fe y lealtad a prueba de todo. Le ayudé, pues yo lo veía muy a la deriva del entorno del que formaba parte y del cual quería alejarse con desesperación.

Un día en que tuve que salir de la ciudad, le pedí de favor que me llevara al aeropuerto y que después se fuera a "comer con cargo a mi cuenta". En el trayecto al aeropuerto, el muchacho como de 20 años de edad, me pidió autorización para usar al día siguiente el vehículo e ir a ver una final de fut-bol soccer de su barrio, cosa que consentí pues compartía con él esa misma afición. Antes le hice algunas recomendaciones apelando a su sentido de responsabilidad...

A los 3 o 4 días que regresé de mi viaje, intenté comunicarme con él pero no contestaba mis llamadas. Tomé entonces la decisión de pedirle a otro amigo que me llevara al lugar donde se supone encontraría mi vehículo. Cuál fue mi sorpresa que al llegar al lugar, encontré mi camioneta chocada y con rastros evidentes de que aquel muchacho había "agarrado la parranda" en mi ausencia perdiendo el control de todo y, por supuesto, también de mi confianza ganada por años.

Tiempo después me buscó para darme explicaciones que para mí fueron excusas. Mi confianza como su empleador, amigo y mentor, quedó altamente dañada. Con todo, comprendí que su necesidad natural era la de sentirse -"con juguete ajeno"- con algo de "empoderamiento" al recorrer en aquellas cuatro ruedas el medio social de dónde provenía.

En una ocasión posterior, mi hermano menor me platicó que lo encontró conduciendo una camioneta del año con radio comunicador y acompañado de algunas jovencitas en estado inconveniente. Cuentan que se enroló con un grupo delictivo que pudo ofrecerle lo que en el fondo el buscaba y que yo no pude ofrecerle: poder, dinero, posición...

Me pregunto ahora ¿Cuánto tiempo le durará el gusto de su "nuevo oficio"?,,,¿Qué costo tendrá que pagar para tener lo que su familia, sus amigos y la sociedad no le pudimos dar por la buena? Y nuestra propuesta es que solo un proyecto serio y permanente que se despliegue desde arriba y que contagie y acompañe hasta abajo programas de generación de empleos y servicios comunitarios, de asistencia física, moral y espiritual, que facilite la educación, espacios de recreación y una adecuada orientación vocacional y social, puede enfrentar de raíz estos problemas. No se trata pues, de dar por dar, ni de hacer llegar dádivas expiatorias, como tampoco de entretener a los muchachos con ratos de esparcimiento. El remedio para generar oportunidades de desarrollo para los jóvenes, es de cirugía mayor; requiere romper paradigmas, costumbres, idiosincrasias y malformaciones de origen; de inversión financiera Estatal y de un trabajo integral para todos; de una redistribución de la riqueza para que una buena parte de ella se destine a resolver la problemática actual de los jóvenes.

XV
REQUISITOS DEL SOÑADOR

Cuando en el ejercicio de mis funciones como servidor público he tenido la responsabilidad de entrevistar a algunas personas que están en búsqueda de una vacante laboral en el departamento donde colaboro, o bien, en una audiencia en la que he tenido el poder de recomendarlas para algún trámite o servicio, me he dado cuenta que existen personalidades --más allá de estilos y formación personal— con las que imagino en una primera impresión que puedo fácilmente formar equipo pero también, con quienes me sería más complejo formular conclusiones propias y de equipo para actuar. Se trata de personalidades…:

CON ACTITUD Y SIN ACTITUD

Qué complicado es cuando toca a la puerta de tu oficina un tipo con una lista interminable de quejas y que lleva en su expresión aquella angustia de no encontrar su lugar en la vida o, ya no se si peor, en espera de que otra persona resuelva sus problemas. Generalmente se trata de gente que habla mal de los demás (a espaldas), que está inconforme con su entorno y que de plano la palabra "acción" no está en su diccionario. Este tipo de individuos tiene la peculiaridad de sentirse relegado, menospreciado, incomprendido, sub utilizado, en una palabra -y cualquier semejanza con la realidad es mera coincidencia- se siente desanimado y no desea realmente más que "subsistir o irla pasando".

Cierta vez llegó a mi oficina una señora pidiendo apoyo para que en una escuela de educación superior --donde este servidor tenía lo que se dice una buena relación con sus directivos-- pudieran otorgarle una beca a uno de sus dos hijos que estudiaban ahí. Aquella mujer, como de 45 años y con una notable necesidad económica (como hay tantas en México), se dirigió a mí diciéndome: "Oiga Ingeniero, fíjese que necesito pagar la inscripción de mis hijos en el Tecnológico y no tengo dinero. ¿Usted me puede ayudar con algo?"

La verdad pensé en ofrecer de mi bolsillo algo de dinero pero creí más conveniente buscar la posibilidad de recomendarle con mis compañeros del instituto. Tomé el teléfono y le marqué a la directora y, al no encontrarse disponible, la secretaria amablemente después de escuchar el motivo de mi llamada, me recomendó hablar con el subdirector académico el cual de inmediato me permitió comentarle la gestión que yo procuraba para aquella señora. "Si como no" --me dijo-- "mándemela mañana a las 8:00am y con mucho gusto le atiendo y buscamos la manera de apoyarla". De inmediato le comenté a la señora el resultado de mis oficios con los directivos del Instituto y, con una sonrisa, trate de animarle para que ella viera que realmente estábamos tratando de ayudarle…. Pero, ¿Qué creen que me respondió?… "No pos, yo creo que no me van a resolver nada y además es muy temprano a esa hora….".

Cerré los ojos y me pasé la mano por la cara; en verdad no pude detener aquel sentimiento de malestar que esa señora generó en mí y pensé sin decirlo: "Esta mujer me hizo perder mi tiempo y el de mis colegas y, lo peor, ha venido a pedirme ayuda, que abogue por ella y ni siquiera desea levantarse temprano para acudir a una cita"….

Seguramente ella notó mi decepción aunque siempre traté de no ser grosero. Se puso de pie y me dijo: "pues, haber qué… de todos modos gracias"…

¿Cómo puedes ayudar a alguien que no quiere? ¿Qué van a hacer esos dos muchachos que están estudiando con carencias y a los que la vida no les ha dado las mismas oportunidades que a otros? Pues, con todo y lo narrado, ponerle actitud al asunto y no dejar de participar en los enseres de la vida. Por lo que respecta a la mamá, diría algo semejante, que deje de conmiserarse por lo mal que le ha tratado el destino y se llene de valor para cambiar de actitud, condición elemental para resolver cualquier problema.

Un soñador debe de tener como requisito indispensable, una actitud positiva frente a los retos y ver los problemas como los

precursores del éxito. **Estar dispuesto a aprender es una actitud, una predisposición mental que dice "no importa cuánto sabemos o creemos que sabemos, el asunto es ¿podemos aprender de esta situación?" Ayudémonos a transformar la adversidad en ventaja, esto puede convertirnos en ganadores incluso durante las circunstancias más difíciles.**

Sydney Harris simplifica los elementos de una actitud mental favorable: Un ganador sabe cuánto le falta por aprender, aun cuando los demás le consideren un experto. Un perdedor quiere que los demás le consideren un experto antes de haber aprendido lo suficiente...

Coincido que contrario a la creencia popular, en el mundo de cualquier empresa o negocio "el fracaso es una necesidad". Si no se cometen errores por lo menos cinco veces al día, es probable que no se esté haciendo lo suficiente. Mientras más se hace más se falla; mientras más se falla, más se aprende; mientras más se aprende mejores resultados se obtendrán en un futuro. La empresa es aprender.

Si se repite la misma falta dos veces, no se está aprendiendo de los propios errores ni de los que alguna otra persona ha cometido antes. La capacidad de aprender de los tropiezos tiene siempre gran importancia en todos los aspectos de la vida. Si vivimos para aprender y tenemos la confianza y la seguridad de intentar las veces que sean necesarias para alcanzar nuestros sueños, estaremos aprendiendo a vivir.

Por supuesto que no será fácil y mucho menos esperemos que de buenas a primeras vayamos a resolver todos nuestros problemas, subamos milagrosamente de estatus en nuestra organización, paguemos nuestras deudas o que la TV nos proyecte como "el personaje del año" para recibir el premio a lo más destacado... **Aunque siempre cambiante, la realidad es una. Nuestro bagaje teórico nos permitirá o no, conocerla, pero siempre será saludable contar con una buena actitud frente a ella.** En esto último se encuentra el "viejo enigma de reconocer un vaso medio lleno o medio vacío". ¿Tú, qué respondes?

Un sí o un no marcan la diferencia entre lo que se hace o deja de hacerse. Cuántas veces por miedo al ridículo o temor a lo desconocido hemos dicho que no podemos y, por lo mismo, no nos atrevemos a intentarlo siquiera?

Estoy plenamente convencido que si mejoramos nuestra actitud y aprendemos a decir que **SÍ** (claro que con conocimiento de causa y efecto de nuestra decisión) lograremos mucho durante la búsqueda de nuestros sueños.

Obviamente que la actitud no es el único requisito del soñador. A continuación enumeraré algunos otros "enseres" muy importantes para poder considerarnos **soñadores**:

1.- **Determinación**. Decisión de que lo vamos a lograr.
2.- **Convencimiento**. La seguridad interna proyectada al exterior es conveniente al éxito
3.- **Labor**. El trabajo todo lo vence
4.- **Constancia**. Poco a poco se llega lejos
5.- **Disciplina**. Buenos hábitos que influirán directamente en nuestros resultados
6.- **Solidaridad**. Dos cabezas piensan mejor que una y cuatro brazos son más poderosos
7.- **Honestidad**. La verdad nos hará libres
8.- **Templanza**. Cabeza fría y corazón caliente
9.- **Comprensión**. Todo mundo desea ser escuchado y entendido
10.- **Valentía**. Atrevámonos a hacer lo que a otros les atemoriza
11.- **Congruencia**. Buena imagen propia (integral) "Del dicho al hecho hay mucho trecho"
12.- **Agradecimiento**. Es de bien nacidos ser agradecidos
13.- **Comunicación**. Lo más claro es lo más decente y podrá evitarnos muchos problemas
14.- **Influencia**. Apoyar y dirigir a un objetivo común
15.- **Humildad**. Tratar a los demás como nos gusta que nos traten a nosotros
16.- **Manejo de crisis**. Que no cunda el pánico; tomar decisiones inmediatas y asertivas
17.- **Visualización**. Habilidad de anticiparse a lo que va a suceder
18.- **Inteligencia**. Capacidad para entender y resolver problemas.

XVI
LA ETERNA JUVENTUD

Durante siglos, los sabios han venido preguntándose cuál podrá ser el secreto de la eterna juventud. Existen algunas historias que refieren a ello. Por ejemplo las historias de aguas curativas que datan de la época de las <u>Novelas de Alejandro el Grande</u> y que se hicieron populares hasta la <u>Era de los Descubrimientos</u> de la Unión Europea. Una leyenda posterior procede de la historia del «agua de la vida» donde <u>Alejandro</u> y su siervo cruzan <u>la tierra de la oscuridad</u> para hallar la fuente curativa. El sirviente en esa historia procede a su vez de las leyendas de Oriente Medio de <u>Al-Khidr</u>, una saga que aparece también en el <u>Corán</u>.

Las versiones <u>árabe</u> y <u>aljamiada</u> de las Novelas de Alejandro, fueron muy populares en España durante y después de la <u>época musulmana</u> y habrían sido conocidas por los exploradores que viajaron a América. También se mencionaba la fuente de la juventud en "El <u>Libro de las maravillas del mundo</u>" de <u>Juan de Mandeville</u>.... También está el viejo enigma de la eterna juventud en la novela de Oscar Wilde: "El Retrato de Dorian Grey"... Bueno, lo cierto es que a la mayoría de nosotros nos hubiera gustado descubrir "ese gran secreto" para contar siempre con un cuerpo en perfectas condiciones.

Una moda que sobre este particular se ha extendido entre mucha gente, es la de echar mano de una sustancia llamada melatonina, que promete ser el remedio ideal para los desajustes orgánicos, pero ¿Realmente lo es?

He conocido jóvenes que no hacen nada para conservarse, para mantener su cuerpo, su espíritu y su mente con esa vitalidad que naturalmente tienen como jóvenes; parecieran vivir en el anhelo de ser adultos para poder tener éxito y hasta entonces hacer de su vida lo que les plazca, dejar pasar el tiempo como si esta etapa de la vida perdurara por siempre. Mi abuela recitaba alertándonos: "Juventud divino tesoro, que te vas para no volver…"

Para mí el varadero secreto de la eterna juventud está en los Sueños. "Uno deja de ser joven cuando deja de soñar". Conozco jóvenes tan viejos y viejos que aún se mantienen jóvenes. Los diferencia su manera de pensar y de ver las cosas. Aquí no hay que darle mucha vuelta al asunto. El punto es no dejar de creer nunca y que en cada día se pueden descubrir cosas nuevas, aprender algo distinto; que podemos amar lo que hacemos y con quien estemos; conservar la fascinación por lo inexplorado… **"Se deja de ser joven, cuando se pierde la capacidad de asombro…"**

La fuente de la vitalidad consiste en levantarnos (lo más temprano posible) y valorar la oportunidad de contar con 24 horas más. Representan 1,440 minutos 86,400 segundos durante los cuales tenemos la ocasión irrepetible de realizar muchas cosas. Reflexionemos cómo hemos dilapidado el tiempo (recurso no renovable) en cosas superfluas y en cómo malgastamos parte de nuestras vidas en asuntos de segundo orden. A mí me gusta ver la televisión y, honestamente, reconozco que he derrochado miles de minutos cambiando de canal en canal para "descubrir eventos" generalmente sin importancia.

Cuando me decidí emprender el proyecto que usted tiene en sus manos, dejé de hacer cosas que me eran más cómodas --como sacar a mi perro "Monkey" a pasear, salir con algún amiga (o) a tomar café o simplemente descansar temprano en compañía de una buena lectura—. Porque me di cuenta de la necesidad de compartir ideas, emociones y sueños, con alguien que quizá está igualmente en búsqueda de nuevos conocimientos. Con esta obra me siento revitalizado, renovado en espíritu y con ganas de que las noches sean más largas para continuar con nuevos proyectos literarios.

No sé si exista "otro elixir" que nos permita mantener la jovialidad a pesar de los estragos del tiempo. Nadie está protegido con escudos anti edad, anti canas o anti enfermedad… Todos pasamos, en el transcurso de nuestras vidas, por situaciones difíciles, emociones fuertes de triunfo o fracaso, sinsabores y desencantos, así como logros y descubrimientos que, por supuesto, van marcando nuestra propia historia de vida; es lo común en cualquier ser humano. Unos con mayor fortuna que otros pero sin duda y a partir de hoy, debemos replantearnos las posibilidades de renovar nuestra manera de vivir y darnos cuenta de que cada día seremos más viejos y que, inevitablemente, nos quedará menos tiempo de vida… Por eso es que ¡Manos a la obra!

Sobre este particular, voy a proponer un cuestionario muy útil para que cada día los jóvenes que estén en un proceso de mediación y en la búsqueda de mejores espacios de participación, puedan responderlo:

¿Cómo me siento hoy?

¿Estoy satisfecho con lo realizado este día?

¿Considero que mi vida se está tornando monótona?

¿Puedo entablar fácilmente una conversación con alguien mucho menor que yo?

¿He dejado de soñar como antes?

¿Sé lo que voy a hacer la próxima semana con mi tiempo?

¿Puedo presumir algo que haya logrado hacer el día de hoy?

¿Aprendí algo en estos días?

¿Me levanto pensando en lo que quiero hacer o en lo que tengo que hacer?

¿Qué me duele (física y/o moralmente)?

¿Me puedo morir sin preocupaciones?

No sé, quizá estas preguntas parecieran no tener sentido, pero aun siendo jóvenes, quiero preguntar ¿Hace cuánto que dejamos de serlo, de atrevernos a hacer cosas, de arriesgarnos a romper nuestra área de confort? O, si se prefiere ¿Desde hace cuánto hemos dejado de sentir esa sed de aventura que irradiaba nuestro ser?

Quede en claro, que **este proyecto no es únicamente para los muy jóvenes;** lo es también para mayores de 30, ¡Va para todos! Pero especialmente, va para aquellos que han dejado de creer, de soñar y hasta de sentir que lo que corre por sus venas es sangre viva y de que tienen la misma capacidad de lograr cosas como cualquier otra persona en el mundo. Por eso, puedo asegurar que la mejor manera de mantenerse jóvenes es a través de los sueños; de que todos los días de la vida podamos generar ideas y desarrollarlas y que esas ganas de vivir --que día con día nos muestran las personas con alguna discapacidad, o los la tercera edad que corren en maratones o trabajan haciendo cosas que un muchacho de 15 años no haría-- contagien nuestras vidas. Ahí están las mujeres que sacan a sus hijos adelante sin el apoyo del varón o los migrantes que en este momento cruzan el río fronterizo en búsqueda de mejores condiciones para ellos y sus familias. Son muchos los ejemplos de vida.

Ahora la pregunta es ¿Qué pasa cuándo después de haber luchado incansablemente aún no he encontrado la luz de aquel sueño anhelado? Pues, ajustar la mira, precisar el sueño y buscar otros referentes que fortalezcan la iniciativa de continuar insistiendo... Una vez encontré a mi paso una mujer verdaderamente consternada y sin ánimos de seguir viviendo. Tenía unos 28 o 30 años de edad y en su rostro se notaba la tristeza. Fue el destino -me dije- quien la puso en mi camino. La saludé y pregunté cómo estaba. Ella de inmediato respondió diciendo --"no como quisiera"--. La miré con más calma y le solté otra pregunta: ¿Por qué, qué le pasó? Ella me dijo –"Mire, ando por aquí buscando al licenciado (X) que quiero ver si me ayuda a conseguir un empleo de lo que sea, hace algunos días mataron a mi marido y me quedé sola con dos criaturas por mantener. No tengo ánimos para reponerme, estoy muy triste y nos sé a quién acudir para que me ayude..."-- Después de escucharla, la invité a pasar a mi oficina, le ofrecí un té y le pedí que me comentara con más detalle su asunto. Total, una verdadera tragedia había cambiado radicalmente y para mal la vida de aquella señora que, más allá de palabras de consuelo y ánimo, estaba pidiendo ayuda a gritos. Yo inquirí únicamente dos cosas más: ¿Usted tiene una razón para salir adelante a pesar de los pesares? De inmediato me miró y secándose las lágrimas respondió –"Si, mis hijos"--. Perfecto comenté... ¿Existe la posibilidad de que podamos hablar con alguien que le ayude directamente? pregunté --"Si, mi hermano que está en (X) estado de la República y que sé está bien acomodado, nada más que me da pena marcarle para pedirle que me ayude--" (Pero no le daba pena pedir apoyo a un licenciado que apenas si conocía... pensé)

A ver, véngase -le dije- vamos a que nos regalen una llamada telefónica para que le pueda platicar a su hermano lo que pasó y que tal si sí le tiende la mano... Lo hicimos y por fortuna el hermano se compadeció de aquella mujer; pactaron una cita para tres días después pero yo ya no volví a verla; solo espero, de corazón, que esa mujer pese a su gran dolor, haya salido adelante impulsada por aquellas dos pequeñas y poderosas razones que forman parte de su vida.

Esta historia nos deja una lección: Todo mundo tenemos una o más razones por las cuales salir adelante... ¿Ya pensaste en ello? Este servidor tiene muchas razones para continuar en este largo y sinuoso camino que es la vida como lo dijeran melódicamente Lennon y McCartney.

En sí, el ejemplo anterior me lleva a recordar otra vivencia personal: Una vez antes de ir al retiro espiritual que cambió mi vida, yo tenía mucho miedo de asistir porque sabía que me enfrentaría cara cara conmigo mismo, sin máscara alguna y con la verdad por delante. Me habían dicho que no sería fácil comentar ante Dios, ante otro ser humano y ante mí mismo, la naturaleza exacta de mis defectos... Yo, que no concebía el hecho de hacer en privado este ejercicio, mucho menos pensaba en compartirlo con alguien más. Pero en fin, tomé algo de valor, abracé a mi hijo de tres años y él, como sabiendo a lo que me estaría enfrentando, me entregó de su manita tres piedras comunes que --en lo más duro de mi trabajo espiritual, a punto de claudicar y cuando más necesité de valor y fortaleza-- las saqué de mi bolsa y recordé aquel abrazo, la carita y las manos de mi hijo que horas antes había recibido como una bendición. En ese momento, sentí que mi espíritu, por gracia de un poder superior, se llenaba de fuerza para terminar a tambor batiente aquel "enfrentamiento conmigo mismo" que hasta el día de hoy sostengo cada que puedo pues se ha convertido en un programa ordinario para vivir responsablemente mi vida.

Día a día, en conclusión, todos --aunque pareciera que su vida haya sido un infierno, aunque quisiera no recordar su triste pasado o sus ánimos estén por los suelos al igual que su autoestima-- tenemos por lo menos una razón que nos sostiene para no despeñar por la pendiente. Siempre que veo obscuro el panorama y que no encuentro una solución a determinado problema, debo preguntarme ¿Qué tal si sí? Esta pregunta, aunque no lo parezca, es mágica y permite darnos valor a algo que vemos aparentemente imposible. ¿Qué tal si sí me aceptan?,,,¿Qué tal si sí me ayuda?,,, ¿Qué tal si sí convenzo? o ¿Qué tal si sí pega? A fin de cuentas la brecha entre el éxito y el fracaso puede ser tan pequeña que tal si sí lo intentamos esta vez.

Un joven estaba perdidamente enamorado de la chica más popular de la preparatoria. Era él de un talante regular, casi mediocre; medio bueno para el básquet, medio bueno para la escuela, medio bueno para hablar... en fin, medio bueno para casi todo. Cada vez que veía pasar a su musa de pelo rubio, ojos azules y pantalones cortos botando un balón de básquet bol, imaginaba tantas cosas que en un parpadeo se borraban cuando ella volteaba su mirada al lugar donde él se encontraba mientras sus amigos le codeaban como diciendo... ¡Vas!

Pasaron meses de escuela; él la buscaba diaria y ansiosamente, hasta que un día la rutina se perturbó cuando la vio sollozar. Resulta que ella había roto su relación con él a su vez chico más popular de la preparatoria, un personaje bueno para todo que aparte de ser apuesto, gozaba de solvencia económica... aunque en el fondo, era un rampante barbaján.

El chico enamorado y mediocre, se detuvo a verla, abrió sus ojos enormes y, en un arrebato de ver a su amor sufrir, se dijo: --"bueno, que tal si sí"—. Y se dirigió a ella, la tomó del hombro y le preguntó por qué lloraba; ella lo volteó a ver y le respondió en voz baja –"por nada"--. ¿Cómo que por nada? preguntó él… "una chica tan simpática no puede estar llorando porque le cagó un pájaro…." ¡! Ups!! Obviamente en esa escuela había más de un barbaján). Ella nuevamente le miró y con una mueca disfrazada de sonrisa, le hizo un lugar en aquella apartada banca la que sería desde entonces el lugar predilecto para sus largas conversaciones…

Con mucha paciencia, oportunidad circunstancial y algo de simpatía improvisada, él logró enamorarla a tal grado de que al terminar la preparatoria, buscaron irse a estudiar a otra ciudad y emprender una vida juntos… Total. ¿Qué tal si sí?

XVII
LOS SUEÑOS Y EL DINERO

Entramos a la parte final de este trabajo y no podíamos dejar de lado un tema tan complicado y controversial dado el efecto directo que tiene en nuestros sueños. Cuántas veces hemos tenido que claudicar por falta de este recurso y cuántas veces hemos visto truncados los sueños de otras personas por la falta de financiamiento. Recuerdo haber escuchado en mi tierra eso de "¿cuánto tienes?", "¡tanto vales!", aunque sea más agradable escuchar a García Márquez decir "… dar valor a las cosas no por lo que valen, sino por lo que significan…". En fin, para el tema que nos ocupa, será bueno abordar algunos conceptos básicos de economía para permitirnos entender de la manera más sencilla posible, la necesidad de contar con recursos financieros como medio para lograr nuestros sueños.

Durante un periodo largo de la humanidad, la forma habitual de comerciar fue a través del sistema del trueque en el que se intercambiaban directamente bienes y servicios por otros. Este sistema, aunque originalmente tuvo sus ventajas, con el desarrollo de las sociedades se vio restringido, ineficaz. Veamos: el hombre no produce de todo en su comunidad de origen, desde las sociedades más primitivas necesitó del intercambio de los bienes obtenidos como fruto de su trabajo por otros. De ese modo, por ejemplo, el que había recolectado frutos de la tierra en un determinado momento, podría cambiar parte de ellos, al decir, por decir por pieles. Esa es una forma original de trueque. El problema fue que los intercambios dependían de las necesidades de cada individuo resultando ser un trámite lento y difícil cuando se ante las urgencias.

Es posible imaginar, tomando el ejemplo anterior, que el cazador dueño de las pieles no deseara frutos de la tierra sino bastones de madera. La tarea del trueque podía resultar aquí embarazosa ya que, en primera instancia, el recolector de frutas requeriría entonces localizar a alguien dispuesto a cambiar sus frutas por madera para, posteriormente, ir a canjear ésta por pieles. Pudo suceder también que en algún momento el recolector diera sus frutos al dueño de los bastones de madera y que le pidiera un sustituto equivalente al valor de las frutas, una nota por ejemplo. Luego, nota en mano, iría hasta el cazador pidiéndole cambiara ese "documento" (el cual tenía un valor en madera) por pieles. El cazador más tarde podría reclamar madera al emisor original de la nota. Probablemente también, en esta hipotética situación, el cazador -beneficiario de la nota- pudo no ir luego a canjearla por bastones de madera, sino usarla para obtener algún otro bien o servicio.

Comprensiblemente, en algún momento la nota pudo haber regresado a su emisor original a efectos de cambiarla finalmente por bastones de madera. En otros casos, pudo darse el hecho que algunas notas muy especiales nunca hubiesen regresado a su emisor original y se quedaran circulando por un muy largo tiempo en derredor de los intercambios hasta su destrucción o eventual pérdida de valor, cumpliendo así prácticamente, una función monetaria muy parecida a la que hoy conocemos.

En la sociedad fueron surgiendo ciertos bienes que son más fácilmente intercambiables que otros, de tal forma que estos son demandados ya no solo por su utilidad, sino por su especial capacidad para circular en el mercado naciente jugando un papel de moneda de cambio.

Un ejemplo sencillo pudiera ser —ya en épocas más recientes- el de los cigarrillos en el ambiente carcelario que fueron utilizados -incluso por los no fumadores- para cambiarlos por otros bienes. O el de los chocolates en Europa después de la Segunda Guerra Mundial, producto que por su aguda escasez, sirvió informalmente para niños y adultos como moneda de cambio. Estos sencillos ejemplos ilustran que una necesidad generalizada une a todos permitiéndoles el intercambio de bienes y servicios. En las civilizaciones avanzadas, esa especie de aceptación generalizada es el dinero, que facilita las transacciones comerciales de una manera fácil y sencilla, favoreciendo de este modo la expansión del comercio.

Naturalmente, el dinero usado en los inicios, desde tiempos remotos, no fue como hoy lo conocemos. Diferentes civilizaciones adoptaron distintos bienes para suplir la función de éste: alimentos, conchas, metales, plumas, piedras preciosas, etc.

Al paso del tiempo, el oro y la plata serían los más ampliamente usados como dinero debido a que su valor fue aceptado mundialmente y también debido a su facilidad de transporte y a las ventajas de la conservación, etcétera. Para garantizar o certificar que un trozo de metal o moneda ocupara una cierta cantidad de oro y/o plata, comenzó su acuñación a modo de garantía por parte de entidades reconocidas y respetadas (reinos y más tarde gobiernos y bancos), que avalaban el peso y la calidad de los metales que contenían.

De acuerdo con Herodoto, el pueblo lidio fue el primero en introducir el uso de monedas de oro y plata, y también el primero en establecer tiendas de cambio en locales permanentes. Se cree que el pueblo libio fue el primero en acuñar monedas estampadas durante el reinado de Giges, en la segunda mitad del siglo VII a. c.

Otros numismáticos remontan la acuñación a Ardis II (también rey de Lidia), donde la primera moneda fue hecha de electro (aleación de oro y plata) con un peso de 4,76 gramos para poder pagar a las tropas de un modo regulado. El motivo del estampado era la cabeza de un león, el símbolo de la realeza. El estándar lidio eran 14,1 gramos de electro, y era la paga de un soldado por un mes de servicio; a esta medida se le llamó estátera.

Nos iremos dando cuenta que el intercambio de dinero por otras mercancías, obedecerá al valor que estas hayan adquirido en el mercado determinado por la llamada ley de la oferta y la demanda. Pero, relacionando estas reflexiones primeras con el tema que nos ocupa nos preguntamos ¿qué valor puede llegar a tener un sueño? ¿Qué precio se le puede poner a nuestras metas?

Debemos definir claramente hacia dónde nos dirigimos; sólo después de precisar nuestro punto de llegada, podremos encontrar los caminos que nos conduzcan hacia él y estimar el valor de nuestros sueños. Necesario es también clarificar el uso del concepto "función" en nuestros análisis, para entenderlo como el papel que cumple un cierto ente dentro de un sistema.

Nuestro sueño debe entonces analizar los distintos papeles que cumple hoy el dinero dentro de la sociedad capitalista en que vivimos. En el capitalismo hay dinero, mucho dinero. Pero, ¿Cómo se explica su preponderancia? ¿Por qué no podemos concebir un capitalismo donde no haya dinero? ¿Qué lugar ocupa el dinero dentro nuestra estrategia?

Nuestros sueños no deberán limitarse a estudiar exclusivamente la función del dinero sino también el concepto unidad como resultado de sus funciones. Preguntémonos ahora qué entendemos por "unidad":

Una de sus definiciones sostiene que es "La unión o conformidad entre distintas partes". Ésta será la base que utilizaremos en el presente capítulo. Por lo tanto, al indagar la unidad de las funciones del dinero, nos estaremos preguntando simultáneamente si existe armonía entre las funciones que cumple el dinero dentro del sistema. ¿Todas las funciones del dinero convergen armoniosamente? ¿Existe alguna contradicción entre ellas?

Puesto de esta manera, estas preguntas aún podrían parecer algo abstractas. En efecto, lo son y quizás no se entienda eso de "armonía" o "contradicción" por lo que debemos reformular nuestro sueño. La nueva formulación utilizará el concepto "valor" que más arriba empezamos a mencionar

En esta parte del trabajo hicimos notar que el dinero surge como un paso necesario dentro del desarrollo de las sociedades y que, por tanto, sus distintas funciones deben permitir que cumpla su objetivo dentro del sistema: intercambiarse y circular para que los productores y consumidores satisfagan sus necesidades.

El valor es una propiedad de la mercancía. Si todas las funciones del dinero sirven para que la mercancía cumpla con nuestro cometido, diremos que existe una unidad entre ellas. Si al menos una de las funciones del dinero no lo permite, diremos que tal unidad no existe como tal.

En base a lo que hemos dicho hasta aquí, plantearemos una serie de preguntas más que nos continuarán guiando. ¿Qué relación existe entre valor y dinero?,,,¿Por qué es necesaria la existencia del dinero?,,,¿Cuáles son las funciones del dinero? ¿Existe una unidad entre sus funciones?

La tesis que intentaremos probar es que no hay unidad entre las funciones del dinero y, justamente, esta ausencia de unidad será una condición necesaria que permitirá la "mutación" del dinero en herramienta para alcanzar nuestros sueños.

Sugerimos lo siguiente: Comenzar por el análisis de la mercancía y presentar el concepto de valor. Luego, ver por qué el valor se manifiesta necesariamente en el dinero y, en ese punto, descubrir la primera de sus funciones: la medida de valor. Veremos que el dinero es una consecuencia necesaria del desarrollo de la mercancía y, finalmente, una mercancía más, la "mercancía por excelencia". La circulación de mercancías es el punto de partida del capital y el dinero su primera forma de manifestación. El precio es el valor de la mercancía expresado en dinero.

El valor, punto de partida para llegar al dinero. Este tema no podría comenzar de otra forma que no fuera el análisis del concepto valor, fundamento del dinero y de la economía. Por lo tanto, debemos comenzar por formularnos la pregunta: ¿Qué es el valor?

Aquí vamos. Mirando a nuestro alrededor podemos ver cosas que nos son útiles pues satisfacen nuestras necesidades. Vemos también que pocas de esas cosas (acaso ninguna) las hemos producido con nuestras propias manos. Pero aun así, ahí se encuentran y son nuestras. Estas cosas tienen las más diversas características físicas y son frutos de diferentes clases de trabajo, formas distintas con las que el hombre usa su fuerza de trabajo y es capaz de producir sillas, televisores etc. A esta capacidad que tiene el trabajo de producir valores de uso la llamaremos trabajo concreto puesto que se materializa sensiblemente en un objeto. Por lo tanto, el producto "silla" es fruto de un trabajo concreto determinado.

¿Cómo es posible que toda una serie de productos útiles estén a nuestra disposición sin que nosotros los hayamos fabricado? Obviamente, estas cosas fueron producidas por otras personas y nosotros, de algún modo, nos hemos apropiado de ellas, nos hemos apropiado del trabajo de otros, del fruto de diversos trabajos concretos. Ahora bien, lo que nos interesa saber es cómo hemos logrado esta apropiación.

En nuestra sociedad, afortunadamente, no hay más esclavos ya que produzcan valores de uso y los cedan a sus propietarios sin pedir nada a cambio. Entonces, la única forma de obtener los productos es a través del intercambio. Si la única forma de obtener las cosas útiles para la vida es a través del intercambio, debemos preguntarnos qué es lo que hace que las cosas sean cambiables. La respuesta a esta pregunta será la que nos introduzca en la cuestión del valor.

En efecto, como hemos dicho, cada persona o cada productor será incapaz de engendrar lo necesario para satisfacer todas sus necesidades y la norma es más bien que tienda a especializarse en la elaboración de cierto producto en particular. En este ejemplo puede entenderse lo ineludible de la división social del trabajo entre los productores y, entre la multiplicidad de mercancías que produce esta división social, podremos hallar la unidad, el hilo imperceptible que conecta a todos estos valores de uso tan diferentes en apariencia...

La fuente de toda riqueza es el trabajo y Engels agregaba que también la naturaleza. Todas las mercancías sin excepción, son por tanto productos del trabajo y de la intermediación humana con la naturaleza. Si abstrajéramos las características específicas de las mercancías (peso, color, ancho, largo), estaríamos también abstrayendo las características específicas de los trabajos que las producen (la soldadura, el ensamble, los martillazos del carpintero o los cortes del carnicero).

La mercancía es una objetivación de valor. A al ser un valor producido por un productor independiente, la mercancía es cambiable necesariamente pues se produce para ser cambiada.

Ahora se nos presenta otro problema. No podemos conocer el valor de la mercancía en su propia substancia puesto que es intangible. No podemos saber, de manera directa, qué cantidad de trabajo humano abstracto ha insumido la producción de esa mercancía.

Si no lográramos superar este obstáculo, el valor quedaría reducido a la metafísica pura sin relación con la vida práctica. Por lo tanto, debemos responder a otra pregunta que acabará por desembocar en la génesis del dinero: ¿Cómo se manifiesta el valor?

Relación entre valor y dinero (la medida del valor). Sabemos que el valor es una substancia social, producida por el trabajo humano abstracto que se materializa en cualquier tipo de mercancía. Por otro lado, sabemos también que éste no puede expresarse en su propia substancia (omitiremos aquí el desarrollo de la forma simple y desplegada de valor pues su exposición sería una muy larga digresión que no es medular para el tema de este trabajo). Tan sólo diremos que el valor se manifiesta bajo la forma de valor en el cuerpo de otras mercancías; que sin embargo, el valor no se expresa en el cuerpo de una mercancía cualquiera sino en aquél de una mercancía aceptada universalmente como equivalente: el oro. De este modo, como equivalente general, el oro se transforma en mercancía dineraria. Ésta es, según Marx, la génesis del dinero. El valor de una mercancía se establece por el tiempo socialmente necesario para producirla.

Bien. El dinero nace de una necesidad de expresar el valor y la magnitud de valor de distintas mercancías, es, como hemos dicho, la mercancía por excelencia. El oro, al convertirse en dinero, adquiere por su parte ciertas características particulares y la que interesa destacar en este momento, es que el oro puede ahora enfrentarse a todas las demás mercancías bajo su forma relativa. Es decir que todas las demás mercancías son equivalentes particulares para el áureo metal. De aquí podremos desprender una primera característica importante del dinero previamente perfilada: No sólo el dinero es una mercancía sino que es la mercancía general directamente cambiable por cualquier otra. El dinero posee una enajenabilidad absoluta pues ninguna mercancía se resiste a cambiarse por ella.

Esa es la primera función del dinero, la medida del valor. Las distintas mercancías expresan no sólo su valor sino también su magnitud del valor en el cuerpo del oro. La primera función del dinero consiste en actuar como la medida ideal del valor de las mercancías. ¿Por qué llamamos "ideal" a esa medida?

Supongamos una mercancía es producto de una hora de trabajo humano abstracto. El valor de esta mercancía se expresa en una determinada cantidad de oro. Aquí, no existe necesidad alguna de que esta mercancía se cambie por oro y lo único que sabemos, es que esa mercancía tiene la potencia de cambiarse por oro en una cierta proporción puesto que ambos son valores.

Marx sostiene que, en el marco de la circulación pura, no quedan mercancías sin vender. Por lo tanto, todo el dinero ideal se transforma en dinero real pues sólo de este modo se cumple que todas las mercancías encuentran comprador. Es decir que si hay mercancías cuya suma de precios (expresión de valor en dinero ideal) es de 20 onzas de oro, debe haber una cantidad tal de oro que permita que todas las ventas se realicen a esos precios. Esto no significa necesariamente que la magnitud de valor de la masa de oro en circulación deba coincidir con la magnitud de valor de las mercancías pues también debe considerarse la velocidad de circulación.

Si la velocidad de circulación del dinero es más elevada, una menor cantidad de dinero puede permitir la circulación de la misma cantidad de mercancías. De todos modos, en líneas generales, el dinero en circulación se adaptará a la suma de los precios que deban realizarse. ¿Por qué debe adaptarse necesariamente? Evidentemente, en este punto, consideramos al dinero sólo como un medio de circulación que permite que las mercancías se intercambien y que nuestros sueños se realicen.

Recordemos que habíamos establecido que existe unidad de las funciones cuando éstas sirven para el objetivo de la mercancía. Esto es precisamente lo que ocurre aquí. La función del dinero como medida del valor permite que nuestros sueños tengan un precio directamente relacionado al costo y el esfuerzo que se llevó realizarlo y el valor que se les da en el mercado o también llamado "costo de producción" que es la valoración monetaria de los gastos incurridos y aplicados en la obtención de un bien. Se incluye el costo de los materiales, mano de obra y los gastos indirectos de fabricación cargados a los trabajos en su proceso, que se definen como el valor de los insumos que requieren las unidades económicas para realizar su producción de bienes y servicios; se consideran aquí los pagos a los factores de la producción: al capital, constituido por los pagos al empresario (intereses, utilidades, etc.), al trabajo, pagos de sueldos, salarios y prestaciones a obreros y empleados así como también los bienes y servicios consumidos en el proceso productivo (materias primas, combustibles, energía eléctrica, servicios, etc.) y por su puesto la innovación del producto y/o servicio y su demanda en el mercado.

Existe una razón que explica el por qué nuestros sueños expresan su valor en el oro y no en otro cuerpo. El motivo es un proceso social que así lo determinó puesto que el oro cumplía con ciertas características deseables (posibilidad de fraccionarse, de fundirse etc.). En efecto, el capitalismo no puede funcionar con una economía de trueque. De ahí nace la necesidad práctica de contar con un medio de circulación aceptado universalmente por todos los productores. Por lo tanto, en este sentido, el uso histórico del oro como medio de circulación, antecede a la expresión del valor. Si no fuera el oro el medio de circulación socialmente aceptado, ninguna mercancía expresaría en él su valor.

Ahora bien, es necesario recordar que después de la Primera Guerra Mundial, el patrón cambio oro que hemos reiteradamente mencionado, fue sustituido por el patrón cambio dólar que se plantó a partir de 1944 en la Conferencia de Bretton Woods y en la que surgieron el Fondo Monetario Internacional (FMI) y el Banco Mundial. A partir de ahí, las divisas que garantizaron el cambio al oro, fueron el dólar y la libra esterlina. Ese sistema dio lugar a una estabilidad relativa y duradera --desde 1944 hasta 1971--, la mayoría de las economías del mundo se desarrollaron y a esa etapa se le conoce en la historia como la "Edad de oro".

Actualmente, muchos bancos centrales rechazan públicamente al oro como inversión o definen al metal como una reliquia bárbara.

Pero, contradictoriamente, sus reservas en oro están aumentando. Peter Schiff asegura que esa tendencia de las instituciones monetarias se acelerará a medida que se vayan dando cuenta que el dinero fiat (dinero papel) requiere de algo tangible que lo respalde. El experto señala que un colapso del sistema fiduciario basado en el dólar como moneda de reserva es inminente y que se trata de un sistema que ha producido enormes desequilibrios y que ha puesto contra la espada y la pared a la economía mundial. Schiff nos recuerda también que el dinero papel inicialmente existía como un sustituto del oro, de hecho era eso lo que le daba valor, pero que en la actualidad lo que le da un valor a las divisas son otras divisas y que la mayoría de los países poseen reservas de divisas en otras divisas. Pero si por ejemplo se respalda al euro con el dólar ¿que respalda al dólar? me pregunto yo. No parece que tenga mucho sentido a la larga respaldar dinero papel con dinero papel. Vuelvo entonces a la importancia del oro.

Hemos visto que hay una unidad entre el dinero como medida de valor y como medio de circulación. Hasta aquí seguimos describiendo una sociedad donde el oro circula constantemente permitiendo así un constante movimiento de las mercancías. El dinero funciona como un medio que permite realizar un fin que se desprende de la razón misma de ser de las mercancías: el metabolismo social que requiere que las mercancías se cambien. Por lo tanto, estamos describiendo una sociedad que no atribuye al dinero más que su función de permitir el intercambio. Una vez que el vendedor se desprende de su mercancía, vuelve al mercado para adquirir otro valor de uso. Es decir que el fin último del vendedor es hacerse de otro valor de uso y en ese recorrido está la ganancia o la mera satisfacción de sus necesidades según sea el caso.

Esto último no es lo que esencialmente ocurre en la sociedad capitalista. En mi opinión, esto aplica mejor a una economía intersticial donde los productores son lo suficientemente pobres como para tener que gastar todo su ingreso en la satisfacción inmediata de sus necesidades. Por lo tanto, no debe extrañarnos que en esta clase de organización de la producción, el dinero cumpla en los hechos, con la sola función de ser un medio de circulación.

A medida que se desarrolla el capitalismo, se desarrolla también la acumulación. El sistema capitalista introduce cambios en las mentalidades de los hombres y estos cambios van a introducir una nueva función al dinero. Supongamos que realizáramos una encuesta callejera preguntando a la gente: "¿Qué entiende por "ser rico"?". Probablemente, la respuesta que obtendríamos en la mayoría de los casos sería "ser rico es tener mucho dinero". Ésta es precisamente la mentalidad que guía al usurero a buscar acumular la mayor cantidad posible de dinero. Sin embargo, este dinero ya no volverá a la circulación, no volverá a salir del tesoro. Su carácter de valor se ha desdibujado y sólo cuenta como valor de uso. El atesorador desea acumular dinero porque tiene un valor de uso para él y no por su absoluta enajenabilidad (acto de transmitir a otra persona la propiedad o derecho que se tiene sobre una cosa) que le permitiría comprar cualquier otra mercancía.

Aquí encontramos una contradicción entre esta función del dinero y las anteriores: si el dinero no va al mercado a relacionarse con las demás mercancías, a reconocerlas como equivalentes particulares, ha perdido una de sus funciones: la de oficiar como un medio de circulación. Es decir, que el dinero se ha independizado de tal forma que ya se ha transformado en un fin en sí mismo, ha dejado de cumplir con la función para la que fue creado originariamente.

Recordemos lo que Marx nos dice en el Capítulo II de El Capital: "Que el dinero surge de la necesidad social de facilitar el intercambio y que el oro se transformaba así en una mercancía universalmente aceptada, como medio de compra y que así surgía la función del dinero como medio de circulación…"

Vemos entonces --con el atesoramiento-- que el dinero se niega a sí mismo en su función de permitir la circulación de las mercancías y que entra así en flagrante contradicción con su razón de ser originaria. En un principio, cuando el dinero surgió como un paso necesario dentro del desarrollo de las mercancías, el intercambio mercantil no podría haberse realizado sin su presencia. Precisamente, por la necesidad de intercambiar mercancías, surge del tipo de organización de la producción que caracteriza al capitalismo: La división social del trabajo con productores privados e independientes y con la explotación de la mano de obra de los hombres formalmente libres.

En el dinero --como medio de pago o como dinero mundial-- no hay diferencias fundamentales con el rol del atesorador. El deudor también busca dinero para pagar deudas y no para adquirir otros valores de uso ni para hacer circular mercancías; el dinero como medio de pago, también pierde la función de ser un medio de circulación de las mercancías. En efecto, vemos que éstas se mueven aún en ausencia del dinero. En este caso, se desnaturaliza el ciclo M - D - M (mercancía-dinero-mercancía) puesto que ya no es necesario el cambio de manos del dinero en el momento mismo en que la mercancía cambia de manos. En rigor, ya ni siquiera es absolutamente necesario el dinero para realizar transacciones porque cuando se desarrolla el dinero crediticio, las compensaciones entre bancos hacen que el dinero ni siquiera entre en circulación (se cancelan las deudas mediante un clearing bancario).

Podríamos imaginar una situación extrema en que las mercancías circularan sin necesidad de dinero. Supongamos que hubiera dos productores (A y B) que producen distintas mercancías. Las mercancías que ambos producen tienen un precio de una onza de oro. Suponemos que A le compra a B y B le compra a A. Entonces, el productor A le firma a B un cheque y B le firma otro a A por el mismo valor. El día en que se realice el clearing, los bancos compensarán las cuentas y no habrá necesidad de un movimiento de dinero para cancelar las transacciones. Las mercancías han circulado pero no así el dinero.

XVIII

PROYECTOS JUVENILES CON ÉXITO

Después del largo recorrido sobre algunos conceptos de la economía y de entender un poco mejor el significado, valor y el usos del dinero, deberemos estar en condiciones como para preparar y organizar el borrador de presupuesto que nuestro sueño requiere, esto es, del dinero necesario para llevarlo a feliz puerto. Primero será necesario hacer un buen plan de acción, expresarlo en su justo valor (valores) y precisarlo en términos financieros para hacerlo cumplir en un tiempo determinado y bajo ciertas condiciones previstas. Este plan se aplicará a cada centro de responsabilidad al interior de la organización.

Todo eso nos servirá para el control financiero en la organización; para saber qué es lo que se está haciendo comparando los resultados obtenidos con lo presupuestado; para verificar los logros y remediar las diferencias y para desempeñar roles preventivos y/o correctivos dentro de la organización.

Los presupuestos siempre son importantes en la organización, porque ayudan a minimizar el riesgo de las operaciones; con ellos se mantienen los planes en los límites razonables; sirven como mecanismo para la revisión de políticas y estrategias y para direccionarlas hacia lo que verdaderamente se busca; facilitan que los miembros de la organización cuantifiquen en términos financieros los diversos componentes de su plan total de acción y las llamadas partidas del presupuesto servirán como guías durante la ejecución de programas de personal en un determinado periodo de tiempo y como norma de comparación una vez que se hayan completado los planes y programas.

Todo presupuesto tiene procedimientos que inducen a los especialistas de asesoría a pensar en las necesidades totales de las organizaciones (públicas o privadas, de producción o servicios, tradicionales o innovadoras etc.), y a dedicarse a planear de modo que puedan asignarse a los varios componentes y alternativas, la importancia necesaria

Los objetivos de un presupuesto son: Planear integral y sistemáticamente todas las actividades que la empresa debe desarrollar en un periodo determinado, controlar y medir los resultados cuantitativos, cualitativos y fijar responsabilidades en las diferentes dependencias de la organización para logar el cumplimiento de las metas previstas. Así mismo, coordinar los diferentes centros de costo para que se asegure la marcha del proyecto en forma integral, planear los resultados de la organización en dinero y volúmenes y controlar el manejo de ingresos y egresos, para relacionar las actividades de la organización y lograr los resultados programados.

XIX
CONCLUSIONES

Generalmente nos preparamos y nos esforzamos para ser mejores, más rápidos, más fuertes, más famosos o por ocupar un mejor puesto, con un número mayor de clientes, seguidores o socios; vernos mejor o ser más eficientes y útiles para incrementar nuestros ingresos y alcanzar una mejor posición social. Quiero adelantarme pensando que, cuando esto no suceda, lo mejor será tratar de disfrutar la vida y ser feliz con lo que se tiene, recobrar fuerzas y volver a intentar.

Mi abuelo, un hombre importante y en su momento poderoso (un personaje chaparrito y carismático que apenas había cursado tercero de primaria) logró atesorar una gran cantidad de dinero a través de su sueño emprendedor. El supo descubrir e identificar una oportunidad de negocios y entonces se dispuso a conseguir los recursos necesarios para concretarla y más tarde llevarla al éxito. Sin nada, solamente, con el capital de su sueño y la necesidad de ser alguien en la vida, logró crear una empresa en desarrollo que al día de hoy da trabajo a sus hijos y a un centenar de familias.

Nos contaba que no fue fácil y que mucha gente no creyó en él hasta que un comerciante extranjero desinteresadamente le enseñó que la tenacidad, dedicación, flexibilidad, dinamismo, creatividad, orientación hacia la aventura y riesgo, le llevarían a lograr su sueño de ser un empresario reconocido.

Marshall McLuhan consideraba que son cuatro los factores necesarios para la producción: tierra, trabajo, capital y organización. Según su punto de vista, el emprendedor es quien, al organizar con su trabajo los otros tres factores --tierra, trabajo y capital-- crea nuevos productos o bien mejora los planes de producción actuales. Señala que el emprendedor tiene un profundo conocimiento de la industria en que se desenvuelve, es un líder natural que posee la habilidad de prever los cambios futuros de la oferta y la demanda, y que gusta de tomar acciones riesgosas, aún con total ausencia de información.

Marshall considera también que las habilidades asociadas con los emprendedores son tan grandes y numerosas, que muy pocas personas pueden mostrarlas en alto grado.

Decía que las habilidades para ser un emprendedor, pueden ser adquiridas, algo que hasta ese momento nadie consideraba. "Todos los emprendedores poseen características similares, pero a la vez todos son diferentes y su éxito está en dependencia de las situaciones económicas en las cuales desarrollan sus esfuerzos."

Existen miles de casos como el de la familia Rizo, nicaragüenses, que ha logrado un tremendo éxito en la industria láctea de California, éxito que nunca podrían haber alcanzado en mercados más pequeños.

Según ha transcurrido el tiempo, otros economistas han quitado o aumentado atributos que, a su criterio, caracterizan a los emprendedores sin poder ponerse de acuerdo en todo.

En lo que sí han encontrado una gran coincidencia, es en la de considerar que los emprendedores son un elemento necesario para el crecimiento económico y que son grandes tomadores de riesgos cuando consideran que hay una buena oportunidad para obtener utilidades.

Adicionalmente a los que enfatizan la toma de riesgos como principal característica de los emprendedores, hay otra corriente de pensamiento que destaca su carácter innovador. El economista norteamericano Harvey Leibenstein, añade de su parte que la característica insoslayable de todo emprendedor es la de ser "llenador de vacíos", en el sentido que tienen la habilidad de descubrir dónde está fallando el mercado para desarrollar nuevos bienes o procesos que ese mercado demanda y que aún no se le está atendiendo.

Es aquí donde los emprendedores conectan diferentes mercados, combinan elementos y generan productos innovadores que satisfacen demandas insuficientemente satisfechas.

Cristalizar tu sueño través de la iniciativa personal o de la necesaria participación social, puede llevarte a tu incorporación al mercado laboral, si fuera el caso, y/o a mejorar la expectativa de lo colectivo al participar en la transformación de la sociedad de la que formas parte.

Todo sueño implica trabajo y regularmente presenta dificultades. Para ponerlo en marcha, se necesita contar con "una buena idea", convertirla en realidad. Su proceso requiere de fases, cuando no de saltos, para llegar al objetivo; implica la toma de decisiones básicas y audaces, evitando en la medida de lo posible, caer en los errores más frecuentes de los emprendedores que inician.

Para todos aquellos emprendedores, hemos creado un despacho de consultoría privada y de atención abierta, para generar proyectos juveniles cuyo objetivo es, entre muchos otros, el de fomentar el autoempleo en esta sociedad de crisis permanente y en el impulso de proyectos productivos y de empresas auto-gestivas como suelen ser las cooperativas. Pero sobre todo, nuestro objetivo fundamental es el de la formación, pensando en contribuir desde ahí con la nueva generación de jóvenes a quienes hoy les asiste la responsabilidad de enfrentar el futuro. Algo diferente está se está construyendo; de modo que si no participamos en esa construcción, serán otros los que decidan.

"El sistema-mundo moderno está en proceso de llegar a su fin. Esto no es per se bueno ni malo; todo depende de lo que se construya en su lugar… Como estamos en una etapa temprana de este proceso de transición y su curso no está predeterminado, nuestras acciones individuales y colectivas importarán mucho. En efecto, estamos llamados a construir nuestras utopías y no sólo a soñar con ellas. Es seguro que algo diferente se construirá. De modo que si no participamos en esa construcción, serán otros los que decidan y determinen por nosotros."

victorconsultor@hotmail.com